「正義論」講義

Social Justice

中村聡一

東洋経済新報社

まえがき

〝正義〟が大切だということに異論はないだろう。しかしそれがはたして役に立つのか得なのか、あるいは正義は最後には勝つのかとなると意見は大きくわかれると思う。

リンカーンは次のように述べる。

「アメリカの自由と独立との城壁をなすのはなにか。軍艦や軍隊ではない。われらの胸底に神が給うた自由を愛する心である。

正義は力であるとの信念を持ち、この信念にたってわれらの義務とするところを敢然と最後まで果たそうではないか」

私が本書で読者諸氏に問いたいのは人の信念のことだ。開拓者魂と自立自尊の精神で知られるのはなにも現代アメリカに限らない。古くは25世紀ほども遡る古代ギリシャだ。徳や正義、善といったものの上に国を作ろうと考えた。

「われらの政体は他国の制度を追従するものではない。人の理想を追うのではなく、人をしてわが範に習わしめるものである。

われらはあくまでも自由につくす道を持ち、また日々たがいに猜疑の目を恐れることなく自由な生活を享受している。だがこと公に関するときは、法を犯す振舞いを深く恥じ恐れる。法を敬い、とくに、権利を侵されたものを救う掟と、万人に廉恥の心を呼びさます不文の掟とを、厚く尊ぶことを忘れない」（ペリクレース戦没者追悼演説より抜粋）

救世主〝ソテル〟（Soter）という神がいる。〝安心〟〝安全〟を司る。彼の妻はプラキシディス（Praxidice）だ。プラキシディスは司法の女神だ。いわば〝正義〟、現代英語の〝justice〟を司る。

この夫婦が3人の子をもうけた。アレテー（Arete）とホモノイア（Homonoia）そしてクテシオス（Ktesios）だ。その1人アレテー（Arete）は、我々がよく用いる言葉である〝徳〟を司り意味する。

アレテー（徳）

（英）Arete: a concept in ancient Greek thought that, in its most basic sense, refers to 'excellence' of any kind -especially a person or thing's "full realization of potential or inherent function."

古代ギリシャにて、〝卓越性〟をあらわす言葉だ。神与のポテンシャルをフルに発揮することを指す。

アレテー（Arete）の姉妹の1人ホモノイア（Homonoia）は、〝紐帯〟を司る。現代英語の〝ハーモニー〟（harmony）を指す。

ホモノイア（紐帯）

（英）Homonoia is the concept of order and unity, being of one mind together or union of hearts. It was used by the Greeks to create unity in the politics of classical Greece.

同胞意識とハートで結ばれた秩序と団結を意味する。古代ギリシャでは、〝紐帯〟が国政を語るうえできわめて重要視された。まことによくできた神話だ。こう見ていただきたい。

・世に安定をもたらす守護神（ソテル）
・正義と司法の女神（プラキシディス）

この2人が恋に落ちた。心の底から深く結びついた。2人の愛はさまざまな〝善〟をこの世にもたらした。アレテー（徳）とホモノイア（紐帯）だ。〝徳〟と〝紐帯〟は、ソテル（権力）とプラキシディス（正義）の愛の結晶なのである。さらに3人目の子クテシオス（Ktesios）は〝家庭〟（family）を司る。理想のファミリーといえよう。

古代ギリシャの人たちにとってはこれが〝国家〟である。その理想形だ。「力」と「正義」が深い愛で結ばれたとき、人々はフルにポテンシャルを発揮し本来的な意味での「生」（ゼーン）を得るのだ。紐帯が育まれ、そして子孫の繁栄をみる。

プラトンやアリストテレスらはこれを〝魂〟のことと捉えた。魂の〝アレテー〟(arete)つまり、人間の魂のポテンシャルをフルに発揮すること。そう捉えた。言うまでもないかもしれないが、これが現代まで続く西洋哲学の出発点でありバックボーンをなす。

そして私の今回の講義の大テーマだ。冒頭の話に戻る。正義とは、はたして役にたつのか得なのか。あるいは最後には勝つのだろうか。

「得」(utility, pleasure, profit)か「徳」(arete)か。

こんなイメージから入っていただければと思う。アリストテレスの『ニコマコス倫理学』をメインテキストに用いたが、思想史に名を残す著者らの作品はひととおり紹介して私の講義テーマに沿い吟味した。

このリスティングを行う上では、コロンビア大学の名物授業である〝Contemporary Civilization〟(現代文明論)のシラバスが大変に役立った。

私自身が同大学の出身であることから、本講義の流れが〝コロンビア流〟になろうことは予めご了解願いたい。

なお、政治哲学の祖であるプラトンとアリストテレスの2人に素で語り合ってもらい話を進めていくスタイルを採り入れた。対話の掛け合いもあわせて楽しんでもらいたい。

#「正義論」講義　目次

第2章 「正義」は徳か契約か？

第3章

「徳」は生来か学習か？

第4章

「フェア精神」という美徳

第5章

法律で規定できる正義

第6章 「愛」と正義

第7章 「人間」は正義なしに生きられるか？

第11章 「理性」による自律的な正義とは

第 1 章

「力」は正義か？

【本章のポイント】

・西洋の哲学は、なぜ「正義」を重要なテーマとして論じてきたのか。

・プラトンやアリストテレスが、国家を運営する政治哲学の中核として「正義」を掲げた理由とはなにか。

・現代社会では否定される「正義＝力」は、本当に正しいのだろうか。過去の歴史における「正義」と「力」の問題を検証する。

・中世キリスト教世界では、「正義」の問題はどのように論じられてきたのか。

・ジョン・ロック、ルソー、ヘーゲル、アダム・スミス、マルクス、ウェーバーといった歴史に名を残す論客たちは、「正義」の問題をどのように論じてきたのか。

●西洋哲学の起源

西洋哲学の起源は一般に古代ギリシャで発祥したヘレニズムといわれる。なかでも、ソクラテス、プラトン、アリストテレスの3名が中心に位置づけられる。3名は師弟関係にあり、互いに影響を与えた。

ソクラテスには著作はない。弟子のプラトンがソクラテスを主役にさまざまな登場人物と語り合う対話形式の著作を多数残したことからその思想が後世に伝わった。

アリストテレスはさまざまな学問に通じ、それぞれに業績を残した「万学の祖」と称される。なかでも「政治哲学」における彼らの業績は、科学が飛躍的に進んだ現代においても未だに優れた評価を受け続けている。

それはなにか。「徳」に立脚した国政を説く。この中核にあたるのが「正義」である。

●ソクラテスとプラトン

嚆矢《こうし》といえるのがプラトン著『国家』だろう。ソクラテスを主役にした対話篇の大著である。現代まで続く政治哲学上の多くの重要なテーマを投げかける。

・徳行
・欲望と理性
・富と幸福
・権力と権力者
・社会契約
・偽善
・男女同権

・私的所有権と公共財産
・美質と気概
・自律規範
・教育
・公共的正義
・国政の比較考量
・形而上哲学（イデア論）
・善悪の宗教観（最後の審判）

政治哲学上の諸問題はあらかた含まれる。

後世の学者は、ソクラテス・プラトンが発したこれらの問題にそれぞれの解をみつけようとした。それが西洋哲学といえる。

●「正義」の問題

多岐にわたる諸テーマを語るうえでの揺るぎない目的意識が「正義」の確立とその浸透である。はたして、「力」は正義であろうか。

図表1-1　正義＝力か?（ソクラテスとトラシュマコスの対話）

トラシュマコス

「正義とは、権力者の利益である」
＝支配者が善悪の判断をする。
その利益に反することは悪である。

ソクラテス

「権力をもってひたすら自己の利益に変えるのは即ち不正である。
不正は正義の真逆ではないか」

↓

◎トラシュマコスが語るのが「権力の自己正当化」
◎これに対峙することから西洋の政治哲学が始まった！

冒頭でソクラテスに論争をふっかけたトラシュマコスはいう。

「正義とは、権力者の利益である」

支配者が善悪の判断をする。その利益に反することはすなわち悪である。支配者の利益に則すことが正しい。

「強者の論理」

それは歴史が証明するところではないか。

対して、ソクラテスが問う。権力をもってひたすら自己の利益に変えるのは即ち不正であろう。「不正」は「正義」の真逆ではないか。

この立ち位置から前述の多岐にわたるテーマが語られる。トラシュマコスの語るのが、権力の自己正当化の問題であろう。この理屈に対峙することから西洋の政治哲学は始まったとして差し支えない。

●アリストテレス

プラトンの弟子アリストテレスは、当時のギリシャ系植民地158カ国の国政を精査する。どの国政がうまくいき、どれがそうではないのか。それはなぜか。

理想主義のプラトンに対して、アリストテレスは現実派と呼ばれる。彼ならではの実証精神が窺える。

結論からいうと、

・独裁者あるいは少数のエリート達による恐怖政治は例外なく長続きしない。

・民主制が必ずしも優れているともいえない。権力を握った大衆は、独裁制や寡頭制の場合と同じく衆愚な独善となり暴走するからである。

では、どのような国政が善しとされるのか。それは正道に基づく国政である。

支配する側が権力を自己正当化した場合、国政は必ず乱れる。例外なく、善い国政とは、支配する側が支配される側から見て、公正である場合のみである。独裁制であれ、寡頭制であれ、民主制であれ、同じである。

いわば、優れた〝棟梁〟としてふるまう。仲間の命と繁栄を託され、この任務をまっとうする。国民各層の利害は等しく正義をもって扱われる。アリストテレスの実証研究からの結論である。

しかしここで指摘しておく。さしもの彼もはるか後世のわたしたちから見ると大いに違和感のある認識を示している。

アリストテレスの時代、発達した都市インフラも、機械工業も、便利な家電設備もない時代、つまりわたしたちが生きる現代においては科学技術が代わりにやってくれている膨大な作業労働が人間の手により行われていた時代。奴隷がこの労働力であった。現実的思考の彼は、それを追認した。

アリストテレスの著作は本書の主軸をなすのでゆっくりと紹介し検証していく。

●秩序と「正義」

「力」が正義だと認識されるケースがあるらしいことは、アリストテレスの実証研究の成果が指し示す。それは、公正な善き支配においてだ。特定利益集団のための政治が行われた場合、国政は例外なく乱れる。憤懣が蓄積されそれが爆発するには時間はかかるかもしれない。しかし必ず乱れる。

アリストテレスによると、恐怖政治に立脚する国政はどんなに長くても70年もてばよいとする（独裁を強力な法治官僚制により強化するのは可能だが、それでも１００年を超えることはない。たいがいは20～30年で政権が崩壊する)。

力の濫用は国を誤る。長く国民に支持されるのは正道に基づく国政だ。それをいかに作り上げ維持するか。それがポイントになる。

正道に基づく国政を維持するためにも「力」は必要だ。いわば優れた〝棟梁〟がその職責をまっとうするための「力」。その行使が「正義」であるのは当然といえる。

●マルクス・アウレーリウス

賢帝として知られたマルクス・アウレーリウスは『自省録』を遺している。大ローマ帝国の皇帝という地位にあって多端な公務をこなす。

折に触れ心にうかぶ感慨や思想や自省自戒の言葉をギリシャ語で書き留めておく習慣があった。

「母からは、神を畏れること。悪事をせぬのみか、これを心に思うことさえ控えること」

「金持ちの暮らしとは遠くかけはなれた簡素な生活をすること」

「労苦に耐え、寡欲であること」

「労働を愛する心と根気強さ」

「帝国の要務について日夜心を砕き、その資源を管理し、人間に対しては人気を博そうとせず、機嫌を取ろうともせず、大衆に媚びようともせず、あらゆることにまじめで着実で、決して、欲に堕とさず、新奇をてらいもしないこと」

「暴君の嫉妬と巧知と虚偽を知った。貴族と呼ばれる人たちに親身の愛情の欠けていることを観察したこと」

「万民を1つの法律の下におき、権利の平等と言論の自由を基礎とし、臣民の自由をなによりもまず尊重する主権をそなえた政体の概念を得たこと」

「克己の精神と断固たる目的をもつこと」

「熟慮の結果いったん決断したことはゆるぎなく守り通すこと」

「名誉に関して空しい虚栄心をいだかぬこと」

「公益のために忠言を呈する人たちに耳をかすこと」

「各人にあくまでも公平にその価値相応を分け与えること」

「なにかの点で特別の才能を持った人びとに対しては、妬みもせず譲ること。熱心に後援して彼らが名誉をうるようにはからうこと」

「護衛兵やきらびやかな衣装や松明持ちや彫像やその他同様の仰々しいことを、ぜんぶ無しですますのもできない相談ではないこと」

「いち平民の暮らしに近い生活に身をつめながらも、卑下したり、統率者として国家のために果たさねばならぬ任務を疎かにせずにいられることを知ったこと」

「祖先の伝統に従って行うこと。伝統を守っていることをひけらかさないこと」

「人生を快適にするもの――それがあるときにはなんら技巧を弄することなく楽しみ、無いときには別に欲しいとも思わない人（父）から学んだこと。彼は追従に耳を傾けることのない人間で、自分自身および他人のことを立派に処理しうる人物であったこと」

「彼（父）は粗暴なところも、厚顔なところも、烈しいところもなく、汗みどろになることもなかった。行動は、秩序正しく、力強く、終始一貫して考量された。ソクラテスについて伝えられていることは彼にも当てはまるだろう」

●中世キリスト教世界

もともとは遠郷の地エルサレムの民族宗教ユダヤに発祥する。

イエスの死後、ローマの地を布教の拠点とする。

迫害を受けながらも、徐々に自らをローマ化しながらこの地で勢力を伸長させた。

プラトンやアリストテレスを教義のなかに取り込んでいった。

●アウグスティヌス『神の国』『告白』

ローマカソリックは、プラトン思想を取り入れた。神の摂理によりできている世界。経験や感覚では認識できない神の摂理。これを「理性」をもって認識する。プラトンの形而上哲学イデア論である。

ひたすらに神を信じ、神の存在を信ずること。教父アウグスティヌス『神の国』『告白』に語られる。書のなかで、彼は、プラトンを称賛する一方で、アリストテレスを冷遇する。

●トマス・アクィナス『神学大全』

ローマの長きにわたる栄華に終焉がくる。アルプス以北の蛮族ゲルマンが西ヨーロッパを蹂躙する。破壊と殺戮の暗黒時代が到来する。フランク王国により一定の治世が敷かれたが、それも分裂を繰り返し、また北方のバイキングの度重なる略奪が続いた。

治世を求める声に応えたのがローマ教会だ。各地に教会を設置する。スコラ哲学をもってゲルマン民族（ドイツ）の教化を図る。その中核がアリストテレス哲学である。

バチカン宮殿内の「署名の間」に壁一面にひろがるフレスコ画が描かれる。

『アテナイの学堂』

古代ギリシャの大勢の賢人たちの中央に2人並んで描かれるのが、プラトンとアリストテレスである。

天上を指さすプラトン。対して、アリストテレスは右手で地を指さしながら、左手には彼の著作である『ニコマコス倫理学』を抱える。

教会内でアリストテレス派として積極的に運動したのは、トマス・アクィナスといわれる。ローマカソリック黎明期にあたるアウグスティヌスの時代とは大きく状況が違う。蛮勇で知られたゲルマン民族を教化して治世を敷く。

このためには、神の権威を高めることに注力するだけでは足りない。アリストテレスに見る現実的な施策が求められた。アリストテレス派の彼は、教会内の旧勢力であるアウグスティヌス・プラトン派と頻繁に論争したそうだ。『神学大全』という大著を遺している。

●マキャベリ

善い治世において正当に「力」が行使されるのは「正義」と認められる。

別のケースもある。「乱世」の場合だ。マキャベリの『君主論』はイタリア戦争さなかの大混乱時に書かれた。

中世の末期、ルネサンスの中心地として栄えたイタリア諸都市は没落した。フランスやドイツなどの外国勢の侵攻にくわえて、当時は統一国家というより都市国家の集合体であったイタリア内の勢力争いが巻き起こった。

権謀術数が蔓延《はびこ》るなかで、あえて「力」の行使による治世を唱えたのがニッコロ・マキャベリである。

「君主は、善人と見られるより、怖れられたほうがよい」

見ようによっては、ソクラテス・プラトン路線の反対をいくようにも取れる。実際、長きにわたり、マキャベリは恐怖政治の提唱者のレッテルを貼られることになる。

マキャベリをどう位置づけるかは難しいところもあるものの、彼は悪魔のような独裁者がやる恐怖政治を提唱しているわけではない。あくまで、混乱をおさめる手段としての力の行使とその適切な手法を説く。

ソクラテス・プラトン哲学が〝正義論〟を扱うのに対して、マキャベリは乱世における〝棟梁（君主）〟の心得とでも捉えられよう。強面だが正義の心をもつ人たちも数多くいるわけである。

●ジョン・ロック

時代は進む。歴史の中心地はアルプス以北の西ヨーロッパに移る。

舞台は、17世紀イギリス。近代国家へと脱皮するための国政の変革が行われた。

1689年、「権利の章典」が批准される。正式名称を、「臣民の権利と自由を宣言し、かつ、王位の継承を定める法律」とする。

それまでのイギリス国政は、国王側と議会側に分断され、長きにわたる権力闘争が続いた。戦いは剣をもってのものだけではなかった。論壇においても歴史に名を残す論客がそれぞれの「正義」を説く。

国王側の大将格は、大著『リヴァイアサン』を書き上げたトマス・ホッブズだ。旧約聖書に登場する伝説の怪獣リヴァイアサンを王権に例えて、強力な王政を敷くことが「正義」だと説く。

対する議会派の大将はジョン・ロックだ。国政を構成する臣民には不可侵の権利があり、これを守るためならば、たとえそれが王権に対するものであっても、戦うことは正義である。

その主張は『統治二論』にて述べられる。

●ジャン＝ジャック・ルソー

18世紀には、自由革命の大波が押し寄せた。フランスで、アメリカで、「自由」をうたう革命や独立運動が結実する。

フランスでは、中世封建主義の体制を転覆することが「正義」となった。

ルソーの『社会契約論』は革命に正当性を与える書とされる。いかなる人間も他の人たちに対して自然的な権威をもつものではない。生まれながらの奴隷は存在しない。アリストテレスさえ、これを誤認した。

この屈従に甘んずるのは、「力」によってそれ以外の選択肢を否定されるからだ。

「支配は権利ではない」

「服従は義務ではない」

強力なメッセージである。

人は、正当な権力にしか服従する義務はないのである。

もっとも強いものが正しいとする。他の人は支配者の豚として生きる。もしこれが正義ならば、自分がもっとも強くなればよい。強者の論理は終わりのない争いを引き起こす。

力（暴力）がいかなる権利をもうみだすものでない以上、人間のあいだの正当な権威の基礎は「約束」だけである。これがルソーの主張の根幹である。正当な約束、正当な権力とはなにか。

「各構成員の身体と財産を、共同の力のすべてをあげて守り保護するような、統合の一形式を見いだすこと」

「そうしてそれによって各人が、すべての人びとと結びつきながら、しかも自分自身にしか服従せず、以前と同じように自由であること」

すべての人間の服従の義務は自分自身に対してである。力に屈服しているのは、自分自身がいくじないからだ。支配者の豚として生きるか。人間としての自分を取り戻すのか。力による支配をたおし、自由な人びとによる、社会契約に基づく正当な国を作り直すのか。自由主義革命の放つ光芒を見ることができる。

●ヘーゲル

ドイツでは長きにわたり神聖ローマ帝国としてハプスブルク家がローマカソリックの威信を背景にゲルマン民族を統率していた。宗教戦争を経てプロテスタントが台頭し、北方のプロイセン王国とハプスブルク家のオーストリア系の二大勢力が拮抗した。

英仏の社会契約論に根ざした系統と比較して、ドイツではキリスト教神学の枠組みで哲学が語られる傾向が強い。

「神の理性」

この観点からの考察を行うのはヘーゲルだ。

特徴として、人間の「理性」を自然科学における「摂理」と似た概念で捉える。物質は粒子からなり、粒子には質量がある。人間に置き換え、これに対応するのが自由と位置づける。

「わたしたちは、歴史のうちに摂理の理路と、摂理の手段およびあらわれを認識するという課題に真剣にとりくみ、歴史と理性の原理とを関係づけなければならない」

「物質の実体が重さであるとすれば、精神の実体ないし本質は自由なのである」

「精神のすべての性質は自由なくしては存在せず、すべては自由のための手段であり、すべてはひたすら自由を求め、自由をうみだすものだ」

「(独裁者に隷属することを強いられてきた) 前史文明――すなわち、オリエントやエジプト、インド、中国などの東洋を指す――の人たちは、精神そのもの、あるいは、人間そのもの、それ自体で自由であることを知らない。知らないから、自由ではない」

「ギリシャ人においてはじめて自由の意識が登場してくるので、だからギリシャ人は自由だ」

「しかし彼らも人間そのものが自由であることは知らなかった。プラトンやアリストテレスでさえ、知らなかった。奴隷を所有し、奴隷によって美しい自由な生活と生存を保証されていた」

「ゲルマン国家の受け入れたキリスト教においてはじめて、人間そのものが自由であり、精神の自由こそが人間固有の本性をなすことが意識されるに至った」

「自由」を摂理とした〝物質〟の構成や変容こそを歴史から学ぶ。この主張が『歴史哲学講義』にまとめられる。自由が世界において自己を実現する手段はなにか。自由とは人間の内面的な概念だが、その実現は外面的現象としてあらわれる。

「わたしたちは歴史の現象そのものへと赴くことになる」

あらゆる暴力行為、無分別、あるいは善意や正義とすら同居するのを見る。ヘーゲルはこれを歴史の哲学的な考察だとする。

●アダム・スミス

近代経済学の父。

七年戦争時、海外植民地を巻き込んでヨーロッパ列強間での勢力争いが顕著であった。

各国の通商政策の基本は、重商主義であった。輸入に対しては高い関税をかけ障壁を高く、輸出については補助金を出すなど手厚く処遇する。自国には外国製品は入れない。そして輸出で稼ぐ。貴金属や貨幣などの国富が蓄積される。重商主義の思想である。

アダム・スミスは異を唱えた。なぜか。貴金属や貨幣をいくら貯めこんでも、それだけでは国民の生活は豊かにならない。国富の源泉は貴金属の多寡ではない。生産力だ。分業がその基本である。

国民のさまざまな資本や労働は、自由市場においてはもっともそれらの価値を引き出すところへと向かう。ゆえに、自由市場が正義である。有名な「神の見えざる手」の比喩に象徴される。

『国富論』を著したアダム・スミスは一般に資本主義の権化と理解されている。実際には、重商主義の名のもとに商業資本と癒着した当時のイギリス政府への警鐘であった。経済学者として名高いが、彼そのものは生粋の倫理学者なのである。

●カール・マルクス

『共産党宣言』を高らかに掲げたカール・マルクスは、間違いなく喧嘩腰に正義を唱える論客の代表格だ。

マルクスの時代、世界は、資源や安い労働力を求めての植民地争いに邁進する。政治の舞台では、国威の発揚をうたうナショナリズムが台頭する。経済では、巨大資本による寡占化が進む。官民一体となっての富国強兵。軍国主義と化した資本主義世界。力をもって正義とする。

〝帝国主義〟の台頭だ。

トラシュマコスさながらの強者の論理である。弱者は強者に隷属を強いられ搾取される。

マルクスはいう。

「人類の歴史は階級闘争の歴史である」

帝国主義化した資本主義は階級格差を恒久化する。これを廃して国民各層に平等をもたらす。プロレタリアートの団結。そして闘争と革命。

マルクスに特徴的なのは、彼以前の革命思想との対比で、「自由」を取り戻すというよりも、階級闘争を終わらせて「平等」な社会を築く、という主旨だ。経済格差とはなにか。平等とはなにか。このことからマルクス思想を再考することは意義があるのではないか。

●マックス・ウェーバー

19世紀のドイツでは社会を科学する思想が台頭した。

マックス・ウェーバーの『権力と支配』は、アリストテレス『政治学』のさまざまな国政の研究にある内容をアリストテレス以降の世界の歴史や実情をもって実証していったような書である。

特徴的なのは、支配する側と支配される側の関係において、後者がなぜ支配に服するかに着眼している点だ。

「どのような支配も、それが存続するチャンスとして、単に物質的または情緒的な、あるいは単に価値合理的な動機だけで、甘んじて満足するものではない」

「ほかにもう1つの要素、つまり〝正当性〟の信念が、それらにつけ加わるのが普通である」

「それどころか、あらゆる支配は、その〝正当性〟への信念を呼び起こし、育成しようと求めてやまない」

アリストテレスの研究は、

・国政の3つの部分である評議（立法）、諸役（行政）、裁判（司法）の立派さや法治の度合いがどれだけ進んでいるか、

・そして支配者の徳はどうか、

・上中下の国民各層の人口分布や、農業や商工業に従事する割合など、デモグラフィックな構成はどうか、

・伝統や慣習に立脚するか、

さまざまな国政の善し悪しはこれらの違いにあらわれるとした。

ウェーバーは、被支配の動機に含まれる〝正当性〟という着座から「権力」を科学しようと試みた。次の3分類が挙げられるとする。

・合理的な性質——成文化された秩序の合理性、およびこの秩序によって支配をおよぼす権限を与えられた者の命令権の合法性に対する信念

・伝統的な性質――古くより行われていた伝統の神聖さや、それによって権威を与えられた者の正当性に対する信念

・カリスマ的な性質――ある主体によって啓示されるか制定された秩序のもつ神聖さ、超人的な力、あるいは模範的資質への帰依

ドイツは動乱の時代である。ドイツ帝国が1871年に成立する。プロイセン国王をドイツ皇帝に戴く連邦国家を目指した。先行する英仏に追いつけ追いこせ。正当性に基づいた官僚機構の整備が急務として求められる、というのがマックス・ウェーバーの主張であった。

●エイブラハム・リンカーン

アメリカ合衆国の大統領として奴隷解放にあたったリンカーンは、敬虔なキリスト教信者である。恵まれない移民の境遇から独学で身を興した。真実の人として知られる。

"I am nothing but truth."

彼自身の言明である。

建国からほぼ1世紀を経たが、19世紀後半に至っても自由の国アメリカは厄介な問題には蓋をしてきた。奴隷制だ。南部の経済は奴隷制をもっての大規模農園が主体であった。理念以上に実利が優先された。

自由憲法も、この問題には狡猾な解釈がなされる。

「奴隷は所用者の財産であって、憲法の適用範囲外である」

南部で行われていることは南部の問題であり、合衆国政府としては関与したくない。いわゆる無関心政策だ。

しかしパッチワークには必ずほころびが生じる。南部の奴隷州から黒人奴隷が脱走してきたとする。北部の自由州では奴隷制は認められていない。だから、もはや奴隷ではない。しかし南部の奴隷の所用者は州政府を通じて、その奴隷の引き渡しを要求する。放置すれば奴隷の大量脱走が生じる。南部諸州の没落につながる。

法の理念に照らして、引き渡すべきか、否か。

連邦政府としても無関心で通せなくなる。大いなる議論を招く。南部諸州は、引き渡しは正当な財産の保全であると当然に主張する。対して、それを認めれば、自由州を含めて、合衆国すべてが奴隷制を追認することになる。

煮え切らない対応に、南部諸州は、合衆国からの脱退も辞さない。大量脱走を食い止めるには自由州とのあいだに国境を作り出すしかない。連邦政府が阻止するなら戦争も辞さない。どちらつかずの対応に限界がきた。

「分かれたる家は立つこと能《あた》わず」

正と不正のあいだの中間的な立場を模索するというような計略は破綻した。そんなことは

発言しない。「生きてもいない、死んでもいない人間」を探すのと同じだ。誰もが思うが誰も決して公には

リンカーンが言明した。

「黒人を人間と思わず、野の禽獣として扱うとき、こうして呼び起こされた悪霊は、やがて逆に汝自身を裂き破るのではないか。アメリカの自由と独立との城壁をなすのはなにか。軍艦や軍隊ではない。われらの胸底に神が給うた自由を愛する心である」

すべての人に天与の自由を愛する心。そして互いのそれを尊ぶ精神。他人の権利を平気で蹂躙する。それは、即ち、自分たちの独立の精神（本性）をも失することだ。

「正義は力であるとの信念を持ち、この信念にたってわれらの義務とするところを敢然と最後まで果たそうではないか」

大統領に選出される。南北戦争の決戦の場となったゲティスバーグにての戦没者追悼の式典。

「87年前、われらの父祖たちは、自由の精神に育まれ、すべての人は平等につくられているとの信条に捧げられた、新しい国家を、この大陸に打ち建てた」

「この国家が、この精神が、永続できるか否かの試練を受けている」

「人民の人民による人民のための政治を地上から決して絶滅させないために、われわれがここで固く決意することである」

真実を語る政治家として世界史に永遠に輝く事業をなした。しかし、大統領2期目の就任直

後、凶弾によって死を迎える。

●「正義」の変容

自由市民により高邁なヘレニズム思想が語られたが、反面で厳然とした奴隷制が存在した古代のギリシャやローマの時代。キリスト教カソリックがヘレニズムと合体しアルプス以北まで拡がった中世。封建統治により身分が固定されていた近世。産業革命によるめざましい経済発展とその裏で進んだナショナリズム軍国主義による国政の寡占化と列強による植民地の略奪の歴史である近代。そしてアメリカの奴隷解放。

ときどきの時代で、ヘーゲルの指摘するところの「あらゆる暴力行為、無分別、あるいは善意や正義とすら同居するのを見る」。

と同時に、「正義」が変容するのを見る。

自由市民だけを考察の対象とする古代において、「正義」は平等であり徳であった。キリスト教支配の中世社会において、それは神への忠誠である。ヘレニズムを教義化することで、ひたすらに徳の涵養《かんよう》を課した。固定された身分制が長く続いた。近世になり、自由を求める機運が社会全体を覆いつくす。封建体制を覆すに至る。

近代になり、ナショナリズム軍国主義が趨勢となる。熾烈な列強間の競争。台頭する独占資本。官民の癒着による国家主義と富国強兵政策。国威発揚のスローガンと軍国教育。徴兵制による動員。国民は、国家主義の大きな波になすすべなく飲み込まれた。

同時に、「持つ者」と「持たざる者」の格差は決定的な水準になる。国家主義とそれがもたらした社会悪に反対する知識層が、国境（「国家」の概念）を越えたプロレタリアート（無産階級、貧民）らの団結を企図する機運が高まっていた。

そしてアメリカでは自由主義憲法の真偽が問われた。奴隷問題に対し玉虫色対応の連邦政府。リンカーンの登場と奴隷解放。

固定化された権威主義、実利優先の損得勘定や日和見主義、そして弱肉強食のパワーポリティクスを見た。

対して、徳や平等、伝統や慣習（宗教を含む）、そして自由というものに力があることも事実であった。同時に、法や国政の在り方・考え方、象徴的なシンボルとなる人物や出来事、そして歴史をどう解釈するかにも、正義と密接に関係するなにかがある。

トラシュマコスとソクラテスの論争。はたして決着はついたのだろうか。

第２章

「正義」は徳か契約か？

【本章のポイント】
・古代ギリシャの賢人らが考えていた「正義」とはなにか。現代人のイメージする「正義」となにが違うのか。
・ソクラテスやプラトンが、「正義」を獲得するために「アレテー（徳）」や「理性」を鍛えることが大切と考えた理由とはなにか。また、現代のリベラルアーツ教育が重要視される理由はどこにあるのか。
・個人が「正義」を追求し正しく生きることと、「幸福な人生」「幸福な国家」の関係性について考える。

●プラトン『国家』における正義論

「正義」といってもときどきの事情や立場で変容するのを見た。大まかには、徳や自由、平等、またそれらにまつわる慣習や伝統、モラル、宗教、象徴的な人物や出来事の類が影響するようだ。引き続き、正義について触れていきたい。議論の発祥に遡ってみる。

プラトン著『国家』を見ていく。プラトンには、2人の兄がいた。アデイマントスとグラウコンだ。

図表2-1　正義は契約か徳か？（グラウコンの問い）

●社会契約としての正義

・人間は1人では自足できない⇒集団生活で互いを補完しあう。
・家族、親族、村、町、国と集団が拡大する。
・約束ごとや規範、法律が必要となり、不正をはたらけば罰が与えられる。
・罰を受ける恐怖から不正とは反対のものを「正義」と呼ぶようになる。

正義とは、そんなうしろ向きで消極的なものなのか⁉

ソクラテスは、彼らと正義やそれを実現するための国家について語り合うのを愉しみにしていた。どんな話だろうか。

●社会契約としての正義

グラウコン（プラトンの次兄）が問う。

1人では自足できない人間は、集団生活を営むことで互いを補完しあう。最初は、家族、親族単位、次第に村や町をつくり、国を形成するに至る。国が大きくなるにつれ、さまざまな種類の人間がその国に居住するようになる。互いに不正をはたらきあっていては大いに不都合が生じる。

次第に、人びとのあいだには約束ごとや規範、法律の類が必要になり、不正をはたらけば罰が与えられる。つまり、他の人たちから不正をはたらかれる怖れから、不正とは反対のことを「正義」と呼ぶようになる。

然るに、正義とは、そんなうしろ向きで消極的なものなのか。人びとは、罰せられる恐怖さえなければ、平気で不正を行うのか。それでは罰則への恐怖が正義ではないか。

●欺瞞・偽善

グラウコンがさらに問う。

正しいことが大切なのか。それとも、正しい人と〝思われる〟ことが大切なのか。

世の中には邪《よこしま》な正体をひたすらに隠しながら、うわべを取り繕うことで正しい人との評判を得ている人たちが少なくない。この評判を巧みに利用して、自分に都合のよい仲間と交際し、影響をひろげ、さまざまな利益に与《あずか》っている。

もちろん化けの皮がはがれる場合もあるが、すべてではない。陰では不正により多くの財や名誉をなし、しかし表の顔は取り繕い世間では尊敬されている。

反対に、本当の正義の人というのは、数も少ないし、周りにはあまり理解されずに疎んじられている。欺瞞や偽善の正義は利益をもたらすが、本当の正義は損害をもたらす。むろんあなたに師事するわれわれは、これが在るべき姿とは考えないが、現実でもある。

「正義」は、その評判やそれがもたらすなんらかの便益とは離れたところで、それ自体として、それ自身だけで尊く、なにかの役に立つものなのか。ぜひ、ご教示願いたい。

●ソクラテスの見解

善いこと、正しいこと、徳なること、これらは肉体とは別のところにある。

「役に立つ」「立たない」という有用性や損得の物差しで計れるものとは別次元のものだ。
・「能力」の多寡とも違う。
・「技術」とも違う。
・「力」とも違う。
・「富」とも違う。
これらが善しとされることもある。しかし十分条件とはいえない。

これらをたくさんもっていようといまいと、正しい人もいれば、反対の人もいる。

●善、徳、正義

ピンダロス（詩人）の言葉を借りると、正しく人生を生きてきた人は、老年になっても、

「甘い希望がそのひとにつき添って、心を育み、老いの身を養う」

こういう人たちは、精神が清々しく、幸福だ。知恵と気概をもち、魂の節制を保つ。

正しいこと、それに立脚した生き方は、人間精神を形づくる。たとえ肉体の悦びは減じても、精神は衰えるどころかさらに磨きがかかる。

ゆえに、こういう人たちが本当に幸福な人たちである。

「お言葉はわかります」

「しかし正義とは一般にそれを行う人にそんなによいことではなく、報酬や世間の評判のために仕方なく行う、それ自体としては苦しいから避けたい種類のものに属します」

と、兄弟が問う。

（ソクラテス）「人にとっての正義とは、精神の健康を保つことだ」

「徳を涵養するとは、すなわち人間の魂をすこやかに健康にそしてより善く育み保つことである」

「健康に維持された状態の魂からは正しい善い行いが生じる」

●アレテー（徳）

「徳」とは、ギリシャ語では、アレテー。英語では、“virtue”（美質）に対応する。

大まかには、社会通念上よいとされる、人間のもつ気質や能力を指す。ただし、細かくは、日本語で用いる場合の「徳」、ギリシャ語の「アレテー」、英語での“virtue”（美質）は、それぞれ趣が異なる。

まず、日本で用いる場合、仏教や儒教などの東洋思想を含む。東西で根本的に異なるわけではないだろうが、同じではない。西洋哲学を学ぶには、スタート時点で両者を混淆するのは誤りだ。

さらに、英語の"virtue"とも微妙に異なる。

virtue: a good moral quality in a person, or the general quality of being morally good

道徳的な尊さ善さ美しさを意味し、かなり広義に適用される。

英語圏世界では、ややわかりにくいこの「徳」("virtue")よりも、「正義」の概念が、(より尊ばれているかとは別に)、より重宝な正悪の判断ツールとして発展した。

いわゆる、"justice"(正義)だ。この概念が他の文化圏との比較でより精緻に磨かれた。

皆さんも英語圏の人たちの会話でよく耳にするだろう。「フェア(公正・公平)」("fair")というやつがそれだ。

"Is it fair?"(それはフェアなのか?)

この物差しを使っての物事の判断、正しいかそうでないか。

"justice"は、日本語では、「正義」と訳される。しかしすでに見たとおり、「正義」はかなり広い意味をもつ。対して、英語の"justice"(正義)は、これと比べかなり厳密度が高い。対他的な物事の公平性をあらわす。"justice"については、本書の重要テーマでもあり、詳細はあとに譲る。

話を戻す。プラトンやアリストテレスが用いるギリシャ語の徳、つまり「アレテー」は、東洋思想の「徳」とも、英語の"virtue"とも意味合いが異なる。事物のもつ優秀な機能を意味している。

対照がなんであるかは問わない。たとえば、ナイフのアレテーはよく切れることであり、馬のアレテーは速く走ることである。この意味では、前述の能力や技術、力、富という類もすべてアレテーに含まれる。

プラトンの兄たちとの対話でソクラテスが用いるアレテーは、人間の「魂」のアレテーだ。すなわち、魂の優等性、そのはたらきの優秀さを意味する。

●魂の三部分説

ソクラテスは、人間の魂を3つの部分に分ける。

・理性
・気概
・欲望

それぞれに独自の機能がある。理性は、物事を認識し正しいことを見いだす機能。気概は、理性に従い行為する意識や意思。欲望は、なにかを欲しいと思う心。

徳の涵養、魂のアレテーは、この3つの構成を正しい範型に育成、維持、成長させることを指す。すると、善き魂はより善い方向に展開する正の循環をもたらす。

人間は誰しも善いものを欲する。3つの部分がよく調和し節制がよいはたらきをしている状態では、より美しく尊い高貴なものを欲する。それらを愛する心が育まれて、魂はすこやかに、良好な健康状態を保つ。友愛を重んじ、協働を旨とし、不正を排す。

反対に、3つが互いに争い不協和音を奏でる場合、魂は苦悩する。悪しき欲求に苛《さいな》まれる。理性は、常時、欲望との戦闘状態におかれる。さまざまな悪徳（放埒、怠惰、財欲、物欲、欺瞞、偽善、怯懦《きょうだ》、淫乱、保身など）に侵され歪み苦悩する。魂は健康を失い、劣悪になっていく。最後には、機能を損なう。どんな不正も残虐も可能になる。

●理性について

魂を形づくる3つの部分はどのように善き方向に育まれるのか。

欲望については、すでに述べた。この部分は他の2つの部分（理性、気概）のはたらきの善し悪し、あるいは全体の節制や調和の次第に従属する。理性と気概が正しくはたらいている魂は、より善いものを欲する。

反対の場合は、より下劣な欲望の支配にあずかることになる。したがって、2つの部分、つまり、理性と気概につき別々に調べていけば議論は足りる。

まずは、理性からだ。『国家』の後半でソクラテスは「イデア論」を説く。ただし、後半にかかるにつれ、プラトン自身の考えが紹介されているとされ、イデア論はプラトンのものだとされる。その考え方を見ていきたい。

人間の理性は、プラトンによると、次の4段階の次元から成り立つ。

・直接知（知性的思惟）
・間接知（悟性的思考）
・直接的知覚（確信）
・間接的知覚（映像知覚）

順に、理性のはたらきの段階が区分されている。理性をもってどのように人間は対象を認識するかの諸段階といえる。

『国家』では、太陽の比喩や洞窟の比喩とあわせてこの線分の比喩が語られる。また、この線分の比喩の説明として幾何学の話が登場する。

ここからプラトンの思考を推論すると、ベーシックな段階から順に、

・間接的知覚（映像知覚）に対応するのが、洞窟で後ろ向きに座らされている囚人たちが、後方から差し込む薄明かりにより洞窟の壁面に映る自分たちの影、つまり虚像あるいは似姿し

か認識しないし、しようとしない段階。

・直接的知覚（確信）は、それに気づいた囚人たちが影ではなく、自分たちの実体をこそ見るべきと、観察や測量、実証の理性をもつに至った段階。

・間接知（悟性的思考）は、例えるなら、ピラミッドの影と距離を基にその高さを割り出していく思考に該当しよう。洞窟の壁の自分たちの影と自分たちの距離をもって光源の差し込む角度を割り出す、という類の思考。予測・予知学の領域だろう。

・直接知（知性的思惟）に至って、光源である太陽の存在や差し込む光の正体に考えをめぐらす。幾何学的な探求から、エネルギー物理学の領域に踏み込む。

プラトンは、これらの比喩を用いて、人間の理性は4つの段階を経て展開する、とした。人間に与えられているこの理性のはたらきを用いて、人間の「善」を理解する。

第1段階では、まことに善い人かどうかよりも、偽善も含めて、表向きだけで、善い人あるいは悪い人と〝思われている人〟が認識の対象になる。

次の段階で、偽善は不正だとの認識となる。周りを見渡し、いかに多くの不正に満ちているかを認識する。

第3段階では、幾何学的な思考を用いて、善がどこにあるのかどこから来るのかに考えをめぐらす。

そして、最後の直接知（知性的思惟）に至り、善の存在や正体に考えをめぐらす。

最終段階でのそれを「善のイデア（形相）」と命名する。

●理性知・形而上哲学

やや脱線する。

プラトンの著作では、ソクラテスが「知識」の多寡をもって精神性の是非を語る場面が頻繁に登場する。

「知識ある人は、知恵ある人だね？」

「正しい人間は、知恵のある、優れた人であり、不正な人間は無知で劣悪な人であることが、いまや、われわれに判明したわけだ」

という具合だ。

ここでソクラテスが述べる「知識」とは、人間の理性についての知識を指す。便宜上、「理性知」とする。のちに、形而上学と呼ばれることになる。哲学の一類型をなす。代表格が中世キリスト教神学、そして近世・近代の多くの哲学者、たとえばデカルトやヘーゲル、そしてコースのあとの方で紹介するカントらが後継した。

話を戻すと、太陽の比喩から、プラトンがこの最終段階での善の存在や正体についていかなる考えをいだいていたかは、およそ推察可能だ。物質には、それを構成する最小単位が存在する。粒子であったり、質量であったり、エネルギーといわれる。水が凍ったり、蒸発したり、有機質が燃えて炭になったり、人間や動物が死ねば朽ちたりと、自然からいろんなことを学ぶ。物質は普遍ではない。しかしなにか普遍の最小単位が存在して、それは互いに引き寄せあいながら集合する。集合の具合により、さまざまな異なった性質の物質となる。できあがった物質は普遍ではなく、条件が変われば、集合の具合も変わるため、なにかまた別の物質へと変容する。

精神世界における「善」も、なにか光粒子のようなもので、まばゆい陽の光、これこそを「善」の究極の正体、あるいはそのエネルギーと見た。

・善がない状態――漆黒の暗闇と絶対零度のハデス（冥界）。

・薄日だけの囚人が暮らす洞窟――われわれの住む実世界。偽善や不正がはびこり、互いに猜疑し、争う。

・善なる哲人統治――ソクラテス・プラトンには、これが幸福国家。天与の災いにも遭遇するが、総じて、人びとの魂は調和と節制がはたらき、すこやかである。

●気概

三部分説では、中核の役割を果たす。なぜか。気概こそが、理性のはたらきを下劣な欲望から守る。理性と欲望が対立した場合、理性に従い正しいことをしようとする意識や意思がどれだけ強固かが問われる。

魂が調和と節制のうちにそのはたらきを善くするも悪しくするも、気概に依存する。気概は、ときどきの意思の力ももちろんそうだろうが、それ以上に長年にわたりできあがってくる〝範型〟が大事だ。

美しいものを美しいと感じる。尊いものを尊く感じる。正しく善きことを、そのように感じる。強さ、胆力も欠かせない。勇敢な行為や勇気ある人を尊ぶ。不正には敢然と対峙する。そうした気力を保持する。

いわゆる、文武両道。その意義は、気概の生育を正しいものにすることにある。文芸を学ぶ。正しい情緒感や感性、穏和で知的な人柄をつくる。体育を学ぶ。困難にも屈しない体力のみならず、そのための気骨を養う。どちらにも精通し優れる。しかし偏ってはいけない。穏和でも軟弱な弱虫ではならない。強くても苛烈や粗暴ではならない。

徳を涵養するには、1日にしてならず。若者への教育が大切だ。気概の範型ができあがってきたら、仕上げは理性の養育にほかならない。若者の理性を正しい方向に誘う。

ソクラテス・プラトンはいう。

「教育というのは、広く誤って理解されているような類、つまり学生に知識がないからそれをいれてやる、ではない」

「そのまったく反対に、真理を知るための機能は誰しも最初から魂のなかにそなわっていて、だから本当の教育というのは、洞窟の暗闇にいる彼らの眼をすこしずつゆっくりと陽の光りになれさせながら、正しい方向、理性の光源へと身体を反転させてあげるようなことだ」

●幸福国家と「正義」

まとめると、大きな視点で国家を見た場合も個人の場合と同じことがいえる。

よく節制がはたらいている国家、支配する側に善き魂が確認され、国としても3つの部分がよく調和している国家、これはより多くの正義が見いだせる。より多くの徳と正義が見いだせる国家、不正に対する自浄効果がはたらく国家、そこにはより多くの善や幸福が見いだせる。

反対に、支配する側が魂のアレテーを損ない節制が欠落している国家は、数え上げられるだけすべての不正が蔓延り、国民は互いに猜疑し憎みあい、争い、互いを蹴落とすことで自己の利益を追求する。およそ友愛や協働といわれることは不可能になり、分裂を繰り返す。国家を維持するのは、ひとえに嘘でだまし、恐怖で縛りつけるだけとなる。

（ソクラテス・プラトン）「真の哲学者が実権をもつならば、（独裁制、寡頭制あるいは民主制の如何を問わず）どんな国制のもとにおいても、正義こそをなににも先んじて国家の全体に行き渡らせようとするに違いない」

次章は、アリストテレスに入っていきたい。

【考察ポイント】

1．ソクラテス・プラトンは、理性、気概、欲望からなる魂のアレテーが調和し節制がはたらいている状態をもって魂が健康な状態とする。文武に励み気概を鍛え、哲学を追求し理性を明敏にする。すると、欲望の部分もそれに呼応してより善いものをより善い仕方で欲するようになる。結果としてのこの好循環により、魂はさらに鍛えられ、成長、成熟する、と主張する。

2．彼らにとっての正義とは、魂のこの状態であり、この追求をもって魂はすこやかに幸福な状態となる。ピンダロス（詩人）の言葉を借りると、正しく人生を生きてきた人は、老年になっても、「甘い希望がそのひとにつき添って、心を育み、老いの身を養う」と冒頭に記すとおりだ。

3．政治哲学的には、哲人統治を説く。右に記すような人物による統治であれば、国制の形態は意味をなさない。1人の人物に権限を集中させる独裁のかたちであれ、少数のエリートからなる寡頭制であれ、選挙による民主制であれ、国制の仕組みは大きな意味をもたない。正しいリーダーが正しく国政を担ってくれる。

4. ただし、このような人物は、どこにも転がってはいない。国を挙げての教育が求められる。素質の選抜から始めて、正しい教育課程を経て、魂の〝範型〟を作り上げる。統治者にふさわしい年齢に達するまでは下積みの経験をさせる。支配される側の立場で人生を経験させる。道を踏み外す者はその都度除いていく。長い年月を正しく生き、その正しさがもはやどのようにも変容をすることがないことを見極める。そしてその人物に国政をあずける。

5. 講義本文にはないが、プラトンは、大衆は難しい理屈よりわかりやすい物語に影響されると説く（拙著『教養としてのギリシャ・ローマ』参照）。古代ギリシャではホメロスら吟遊詩人が歴史を語り伝えた。トロイア戦争ら過去の出来事を伝える叙事詩には、多くの誇張や嗜虐が含まれる。不正により立身出世をとげた人物のエピソードなども数多くある。〝不正〟を〝正義〟と捉える風潮の責任の一端があると断罪する。

だから自分の理想に沿って物語や逸話を展開した。『国家』には、後世のキリスト教にみる「最後の審判」と酷似する「エルの物語」が収録される。たとえ不正を隠し人生をまっとうできたにせよ、死後の神による断罪は免れない。〝正義〟という大義のためには、作り話の流布も認められる。プラトン流である。

第３章

「徳」は生来か学習か？

【本章のポイント】
・アリストテレスが「西洋最大の哲学者」と称される理由はどこにあるのか。
・アリストテレス哲学の中核をなす「幸福」「善」「知慮」「中庸」「悪徳」の本来的意味を正しく理解する。
・後世の人びとの規範や倫理観に大きな影響を与えたアリストテレスの「中庸の徳」について理解を深める。

●アリストテレスの正義論

第3章から第5章では、中庸の徳、広義と狭義の正義を学ぶ。

アリストテレスに入る。本講義においてもっとも難解だ。用意した図表を参照しながら大意をつかむよう願いたい。精緻で厳格かつ膨大な分量の彼の論述の内容を正しく理解する目的から、本章は、以下のアプローチでいく。

・本章の議論の対象となるアリストテレスの主張をあらかじめ提示する。
・前章のプラトンとの対比でアリストテレスを理解する。（対話篇）
・登場する哲学用語を調べることで主張を正確に把握する。
・各主張の論拠とするところを、力の及ぶ限り簡潔に、かつ、正確に記述して論点を整理する。

・講義本論のあとの「考察ポイント」にて関連の議論を膨らませていきたい。

本章は、アリストテレスの以下の主張に焦点を当てたい。

1. アリストテレスの定義する「幸福」(〝エウ・ダイモニア〟)は、正しい倫理的な行為の実践から得られる自愛的なもの。象徴的な比喩は、エウ・ゼーン(ευ・ζῆν 善く生きている)だ。

2. 人間の倫理的な判断は、〝ロゴス〟(logos ことわり)に従って行われる。適切な選択を行うには、フロネーシス(phronesis 知慮)のはたらきが必要だ。さまざまな判断の積み重ねは、やがて習慣となる。そのひとのエートス(ethos 倫理的性状)を決定する。

3. 倫理的な問題は、往々にして、中庸を「正」とする。超過も不足も誤りだ。正鵠を射るには、習熟が求められる。

4. エートスは、次の要領で3分類される。

・(中庸の徳)エウ・ダイモニア(幸福)は、エウ・プラッティン(ευ・πρακτικη, practice 正しい実践)のエートスである。うるわしきもの、巧益あるもの、快適なもの、醜悪なもの、有害なもの、苦痛的なもの、これらに対峙したときに、魂の調和と節制が保たれている善き人はただしきを失わない傾きを有する。

図表3-1　アリストテレス哲学に関する重要語句

・エウ（eu, “well, good” 良い）
・エウ・ダイモニア（eu daimonia 幸福）
・エウ・ゼーン（eu zen 善く生きる）
・エウ・プラッティン（πρακτικη, eu prattien 善く実践する）
・ロゴス（logos ことわり）
・ペートス（pathos 情念）
・フロネーシス（phronesis 知慮《ちりょ》）
・エートス（ethos 倫理的性状）
・ディオティ（dioti 所以・理由）
・ソフィア（sophia 智慧《ちえ》）
・フィロソフィア（philosophia 哲学）
・カキア（kakia 悪徳）

・（カキア κακια）〝ペートス〟（あるいはパトス pathos 情念）の支配するエートスは〝カキア〟（悪徳）だ。善き人はただしきを失わない傾きを有するが、フロネーシス（知慮）のはたらき、そしてエートスに劣る人、そういう人は誤る。
・（純粋なる悪）すべての情念が中庸を許すわけではない。悪意、破廉恥、嫉視、姦淫、窃盗、殺人などは、それ自身がそれ自体として劣悪である。これらをまとったエートスは、それ自身がそれ自体として〝悪〟である。

●2人の対話

プラトンとアリストテレスが対話している。

アリストテレス　三部分説は、驚嘆いたしました。理性と気概それに欲望の調和と節制をもってして正義としたのは、じつに妙々たるものですな。常人には考えも及びません。

理性のはたらきを線分の4区分であらわすとの着想もなかなかのものであります。ひたすらに善を追求することを命題に据えてとりくめば、おのずと善なる人、正義の人になるでしょうからね。

しかし、善のイデアはやや前のめりすぎましたか。意図はわからないことはないでもありませんがね。

プラトン　なにをいうか。われらの400年あとにイデアを身に纏った神の子がユダヤの地に生まれたではないか。われらが代のすこし前にも、東洋には、釈迦や孔子がいた。お前はソクラテス先生が他界された後に生まれた。先生に直接お会いしたことがないからそんなことをいう。

アリストテレス　たしかに。しかし先生、わたしの考えも聞いてください。釈迦や孔子、ソクラテスやイエスは、そうは世にあらわれません。彼らの業績は、やはり、天才なる所以といわざるを得ませんよ。

世俗を忘れて、ひたすらに善の命題を追求するなんてことは、なかなかにできることでもない。まあ、われわれのだいぶあとになって、修道僧やらスコラ学やらも出てきたみたいですが、形而上学とやらは難しいですな。

人間の本性は、知を愛することだと思いますし、物事の本質を明らかにしようと、さまざまな思索もしました。わたし自身があまたのことについて論及した記録を、後世の人たちが編纂してくれて、『形而上学』と命名された本にもなってしまいます。しかし並みの人間が手をつけると、往々にして、哲学のための哲学になってしまいますな。やはり、世の中は並みの程度に理性的な人たちでできているのは認めなきゃならんです。また、世俗には世俗の善さもあるわけで。人びとは、天才にしか理解できない理性の世界に生きなくても、自分たちの生を精一杯に生きることで十分に幸せになれるのではありませんか。

わたしはね、先生、幸福は学習だと考えているんです。なにを学習するかって、それは善を学習するんです。世俗には、大きなものから小さなものまで、さまざまな善があります。皆善きことが好きなんです。なんでかっていえば、皆に好まれ愛されるからこその、善であり、徳であり、正義なんです。方々に散らばっているさまざまな善を、時間をかけ、一生を通じて学んでいく（〃エウ・ゼーン〃善く生きる）。それで十分に〃幸福〃（〃エウ・ダイモニア〃神々に祝福された状態）なんです。人間という生き物は。

両先生が、ピンダロスの言葉を用いて〃幸福〃というものと正しい生き方との接点を示唆なさったり、理性、気概、欲望の〃範型〃をもってその土台となすことをお説きになったのは正鵠を射ています。

しかしまだ概念として粗い印象です。わかる人にはわかるが、ピンとこない人たちも大勢います。わたしは、両先生の業績を参考にさせていただき、これをもうすこし精緻に規定できないか頑張ってみます。

両先生のご指摘のように、エートス（倫理的性状）とエウ・ダイモニア（幸福）はつながっています。しかし、これは特別な人たちにだけ与えられた仕組みではありません。

善いことを、それがたとえどんなに小さなことであったとしても、自分たちのアレテー（徳）の許す範囲で学び実践していく。わたしは、人間理性を総動員して理性の世界、つまり形而上哲学、これを極めなくても、こうした世俗の善の繰り返しで十分にエートス（倫理的性状）は育つと確信しています。

キーワードは、〝プラッティン〟（実践）です。


プラトンとアリストテレスの対話につき述べておくべきこと

プラトンは、紀元前427年に生まれ、紀元前347年にその80年の人生をとじたとされる。40歳の頃（紀元前387年）、その後の800年ほど続くことになる彼の学園「アカデメイア」を創立する。

アリストテレスは、前384年に生まれ、62年間の人生を前322年にとじた。紀元前367年、17~18歳にして、プラトンが学頭をつとめるアカデメイアの門を叩いたとされる。以降、プラトンが死するまでアカデミアで過ごす。

アリストテレスは、ときにプラトンの説を否定している。なかでも「イデア論」については手厳しい。しかしながら、プラトンが逝去するまでの20年に及ぶときを同じ学園で生きた2人である。互いに認めあっていたことは明らかだ。2人のあいだには、43歳の年齢のひらきもある。プラトンが善きメンターの役回りであったろうことは想像に難くない。

こんなことはあえて申すまでもないかもしれないが、2人の対話として展開する論は、彼らが著作として遺したものに限定することなく、この明敏な2人ならばどのように関連のテーマを咀嚼し語るだろうか、との想いをこめたものであることを述べておく。

●アリストテレス哲学の重要語句

アリストテレスを理解するには、用語をまず調べる必要がある。

・エウ（eu, "well, good" 良い）

エウ（eu, "well, good"）という、ギリシャ語の単語から見ていく。

英語の"well"に対応する。
よい、よくやっている、という状態を指す。
You did well.　よくやった。
You think well.　正しく考えているよ。
You act well.　正しく行動してますよ。
という具合だ。
正しい、善い、そういうニュアンスを含有する。

・エウ・ダイモニア（eu daimonia 幸福）

この〃エウ〃を冠した用語として、エウ・ダイモニア（ευδαιμονία）がある。
ラテン語の〃ダイモニア〃を調べてみると、
"the divine Power, the Deity, the Divinity quotations."
とある。
神聖、神、それらの力を意味する（キリスト教世界の「デーモン（悪魔）」の意味もあるが、それは後世になり、一神教のキリスト教会が異教の神々を貶める、いわゆるプロパガンダで、もともとのギリシャ語の意味はこのとおり）。
つまり、〃エウ〃を冠することで、神々に善く正しく祝福されている状態を指す複合語になる。

・エウ・ゼーン（eu zen 善く生きる）

次に、〝ゼーン〟（zen）を調べる。

「生きる」に対応する各国語は、以下のとおりだそうだ。

英　リヴ　live
独　レーベン　leben
仏　ヴィーヴル　vivre
伊　ヴィーヴェレ　vivere
西　ビビール　vivir
羅　ウィーウェレ　vivere
希　ゼーン　ζῆν
露　ジーチ　жить
オランダ　レーヴン　leven
デンマーク　レーヴェ　leve

うち、アリストテレスの用いる「ゼーン」は、ギリシャ語〝ζῆν〟だ。

〝エウ〟を冠することで、〝エウ・ゼーン〟。つまり、善く生きる、善く生きている、となる。

・エウ・プラッティン（eu prattien よく実践する）

〝プラッティン（πρακτικη）〟というギリシャ語の英訳を調べてみた。

"Practice"に対応する。

英語の"Practice"の語源を調べる。

"from Greek praktike"

とある。プラッティン（πρακτικη）は、"praktike"の形容詞である。

現在の英語の〝プラクティス〟は、アリストテレスの用いる〝プラッティン〟が直接的な語源である。「実践」「実践している状態」をあらわす。

〝エウ〟を冠して、よき実践、よく実践している状態、を意味するところとなる。

・ロゴス（logos ことわり）

〝ロゴス〟という用語も頻繁に登場する。
logos –
"The Greek word, traditionally meaning, speech, oration, discourse, quote, story, study, ratio, word, calculation, reason, has been used among both philosophers and theologians."
「スピーチ、演説、講話、引用、言い伝え、研究、割合、言語、計算、所以などの複合的な意味を含蓄するギリシャ語由来の論や理をあらわす用語で、哲学者や神学者が用いる」

・ペートス（pathos 情念）

ロゴスの対の言葉として、〝ペートス〟（あるいは〝パトス〟）も頻繁に用いられている。

pathos –

Entered English in the1500s. The Greek word pathos means "suffering," "experience," or "emotion." It was borrowed into English in the 16th century, and for English speakers, the term usually refers to the emotions produced by tragedy or a depiction of tragedy. Pathos has quite a few kin in English. Pathetic is used to describe things that move us to pity. Empathy is the ability to feel the emotions of another. Though pathology is not literally "the study of suffering," it is "the study of diseases." You can probably guess at more relatives of pathos. Sympathy, apathy, antipathy, sociopath, and psychopath are a few.

「悲痛、経験、感情など、人間の情感や情念をあらわすギリシャ語で、16世紀になって英語においても借用される。もともとのギリシャ語の意味合いとは必ずしも一致しないが、イギリスにおいては、多分に芸文の悲劇作品にて用いられた。哀れ（pathetic）、同情（sympathy）、無関心（apathy）、反感（antipathy）、社会病質者（sociopath）、精神病質者（psychopath）などは、pathosに由来の用語だ」

残りの用語は、講義本論と絡めて見ていく。

●アリストテレスの主張

では、アリストテレスの主張するところを見ていく。

〈主張1〉

アリストテレスの定義する「幸福」(エウ・ダイモニア)は、正しい倫理的な行為の実践から得られる自愛的なもの。象徴的な比喩は、エウ・ゼーン(善く生きている)だ。

「エウ・ダイモニア」(幸福)は、現在の英語圏では、"well-being"に対応するようだ。善くやっている、正しくやっている幸福な状態あるいは人を意味する。

ちなみに、「幸福」に直接的に対応する英単語は、"happiness"がある。調べると、

"The state of being happy."

とある。幸せな状態を意味する。

「ハピネス」は、とくになんらの規定を要しない幸せを感じているその瞬間を指す。とくに倫理的な事柄に限らない。

対して、「エウ・ダイモニア」（ウェルビーイング）は、善き正しき倫理性から来る幸福や幸福な人を意味する。

世の中にはさまざまな「善」が散らばっている。しかし、これらが善きものとされるのは、それ自体というよりも、これらがもたらす副次的な効用の故ではないか。すべての善が希求するところの究極の善とはなにか。

エウ・ダイモニア（幸福）がそれにあたる、とする。

「およそわれわれの行うところを覆うごとき目的――われわれはこれをそれ自身のゆえに願望し、その他のものを願望するのもこのもののゆえであり、われわれがいかなるものを選ぶのもけっきょくはこれ以外のものを目的とするのではない」

アリストテレスの主張をまとめると、

・正しい仕方で活動すれば、肉体は鍛えられ善くなる。魂も同じで、正しい活動により、鍛えられ善くなる。〝エウ・プラッティン！〟「善くやっている、やれている！」という状態は高い満足感や充足感を与え、自尊を育む。

・魂の〝エウ・プラッティン〟とは、すなわち倫理的なアレテー（徳・優秀性）である。

・高い倫理性に基づく健全な自愛は、人びとの幸福の必要条件といえる。これを忌避する人で、幸せな人はいない。
・善きことは、周りにも認められる。承認欲求が健全なかたちで満たされることも、幸福感を高める。
・〝エウ・プラッティン〟は、健全で清々しい。この繰り返しが、その人の〝エートス〟(ethos 倫理的性状)を育てる。

〈主張2〉

人間の倫理的な判断は、〝ロゴス〟(logos ことわり)に従って行われる。適切な選択を行うには、フロネーシス(知慮)のはたらきが必要だ。さまざまな判断の積み重ねは、やがて習慣となる。その人の人となり、つまり〝エートス〟(ethos 倫理的性状)を決定する。

アリストテレスは、いう。人間の魂は、無ロゴスな欲求を司る部分と、ロゴスを有する知性的な部分に分けられる。

〈無ロゴス〉
・植物的な部分
・欲情的な部分

図表3-2　アリストテレスによる習慣の概念の導入

無ロゴスな欲求を司る部分と、
ロゴスを有する知性的な部分に分けられる。

〈無ロゴス〉	〈有ロゴス〉
・植物的な部分	・習慣的な部分
・欲情的な部分	・知性的な部分

〈有ロゴス〉
・習慣的な部分
・知性的な部分

無ロゴスな部分と有ロゴスな部分には、その中間に有ロゴスな「習慣的な部分」がある。とくに倫理的な行為についてのそれが、前述のエートス（ethos 倫理的性状）だ。

しかしエートスが確立するには、多年の時間を要する。ゆえに、先行して、無ロゴスの欲求にいかに対処するかの選択の積み重ねがあることは自明だ。

有ロゴスの「知性の部分」において、この選択的な判断を担うのが〝フロネーシス〟（知慮）だ。

・**フロネーシス（phronesis 知慮）**
アリストテレスは、人間の知性は次の5つの類型に分類可能だとする。
・学（エピステーメー）
・技術（テクネー）

・知慮（フロネーシス）
・智慧（ソフィア）
・直知（ヌース）

アリストテレスは、このなかの〝フロネーシス〟「知慮」のはたらきに着目した。

フロネーシスを調べると、

phronesis –

"Wisdom in determining ends and the means of attaining them, practical understanding, sound judgment," comes from Latin phronesis, from Greek phronesis, meaning" practical wisdom, prudence in government and public affairs" in Plato, Aristotle, and other heavy hitters.

とある。

「実生活においての適切、的確な判断を行うための『実用的な知性』としてプラトンやアリストテレスが用いた古代ギリシャの用語」

だそうだ。

英単語の"Wisdom"とほぼ同義のようでもある。

Wisdom –

the ability to use your knowledge and experience to make good decisions and judgments.

「知識や経験をもって適切、的確な判断を下す能力」

を指す。
フロネーシスのはたらきについてのアリストテレスの主張をまとめると、
・無ロゴスの情念から来るさまざまな欲求に対応して魂の知性の部分がはたらく、
・5つの知性、つまり、学（エピステーメー）、技術（テクネー）、知慮（フロネーシス）、智慧（ソフィア）、直知（ヌース）が動員される、
・他の4つの類型の知性が教えるところの知識や経験、理性をもって、フロネーシス（知慮）がはたらく、
・フロネーシスは、無ロゴス域からの欲求やそれがもたらす結果などを把握（問題の認識）、対処すべきかの判断、対処する場合にどのようなことが可能かの洗い出し（選択肢の抽出）、そしてどの選択肢がもっとも相応しいかの判断（選択）を行う、というものだ。
つまり、現代のわたしたちが用いる言葉を適用するならば、「問題解決型の思考」となる。

次に、「習慣」の特性についてアリストテレスの説を述べると、
・フロネーシスのはたらきにより得られた特定の欲求（問題）に対する判断は、それがもたらす結果に対応して、次回以降に類似の問題が生じた場合には、調整がなされる（今でいうところのPDCAサイクルだ――plan, do, check, action）。
・人生経験を重ねるうえでは、このような類型に属する思考の膨大な積み重ねがなされる。
この過程で、類似の欲求に対する対処の仕方はパターン化をしていく。

・この段階では、もはや、フロネーシスや他の4つの知性をその都度はたらかせることなく、無意識、条件反射的な思考や行為となる。

これが「習慣」だ。こうして獲得された倫理的な習慣の集合体を指して、アリストテレスはエートス（倫理的性状）と呼んでいる。

・エートス（ethos 倫理的性状）

〝エートス〟（ethos）というギリシャ語を調べてみると、英語の辞書には、

the distinguishing character, sentiment, moral nature, or guiding beliefs of a person, group, or institution

とある。

性格的な特徴であり、情緒感であり、モラルや行動規範とある。

「倫理的性状」とする。

語源としては、「いつもの場所」という意味から発しているそうだ。

「出発点・出現・端緒」との意味合いもある。

・ディオティ（dioti 所以・理由）

〝ディオティ〟（διοτι）という言葉とあわせて捉えると、〝エートス〟（ethos）の果たすはたら

きを理解しやすい。

〝ディオティ〟を調べると、

〝apocopic form of διο (dio, 〝because of〟), and οτι (hoti, 〝that〟, conjunction). 〟

とある。

〝Because of that〟、つまり、「だから、その故に」という意味らしい。

人が行為するうえでは、その所以を考える。そして選択を行う。前述のフロネーシス（知慮）がはたらく。

〝ディオティ〟（所以）以外の行為の「出発点・出現」もある。「習慣」「習性」がそれである。いつもそうしていること、そう考えていること、習い性になっていること、そういう場面では、わたしたちはいちいち〝ディオティ（所以）〟を想起しない。〝ディオティ〟（所以）に代わって、〝エートス〟（ethos）が「出発点・出現」の役割を果たす。

アリストテレスは、〝エートス〟（ethos）とは、倫理習慣の集合体であり、その人の人となりをあらわす。ゆえに、この優劣が倫理的な性向を規定する。

（ちなみに、〝エートス〟は、ラテン語の〝ethicus〟、古フランスの〝ethique〟、中世英語の〝ethik〟を通じて、現代の英語の〝ethics〟（倫理）へと変化したそうだ）。

・ソフィア（sophia 智慧）

フロネーシス（知慮）とあわせて、ソフィア（智慧）の概念は、プラトンとアリストテレスの2人の思考の方向性を理解するうえで、あるいは後世の哲学の類型を理解するうえで大切である。ここで紹介しておく。

ソフィアを調べてみると、

“Sophia is a central idea in Hellenistic philosophy and religion, Platonism, Gnosticism and Christian theology. Originally carrying a meaning of “cleverness, skill”, the later meaning of the term, close to the meaning of Phronesis（“wisdom, intelligence”）, was significantly shaped by the term philosophy（“love of wisdom”）as used by Plato.

「ソフィア（智慧）は、ヘレニズム哲学・宗教の中心概念で、プラトン主義、グノーシス主義、そしてキリスト教神学に浸透する。もともとは、「賢さ」（cleverness 知恵）とか「熟練」（skill）をあらわす広義の意味合いを含有する言葉であったが、プラトン以降は、フロネーシス（知慮wisdom）とあわせてより明確な用語となった」

とある。

前述のフロネーシス（知慮）が実践的な知性をあらわすところ、ソフィア（智慧）は、プラトンのイデア論に象徴されるところの認識論的な知識を意味する。

・フィロソフィア（philosophia 哲学）

アリストテレスに見るフロネーシス（知慮）の概念を取り入れたものは実用哲学として発展し、とくに近世、近代のイギリスを中心に、「経験主義哲学」として哲学の一類型をなすに至る。社会契約論派のホッブズやロック、ルソー（仏）、功利主義派のベンサムやミル、また、ヒュームやアダム・スミスらも含まれる。

対して、プラトン的な認識論の哲学がソフィア（智慧）の概念を受け継いで形而上哲学と呼称されるに至ったことは第2章に既述した。

"Philos"（フィロス）とは、ギリシャ語で〝愛〟〝親密〟を意味する。つまり、"Sophia"（ソフィア 智慧）を愛する、寄り添う、という意味から、"Philosophy"（哲学）という用語がプラトン以降に定着したのである。

〈主張3〉

倫理的な問題は、往々にして、中庸を「正」とする。超過も不足も誤りだ。正鵠を射るには、習熟が求められる。『ニコマコス倫理学』には、次の10例の倫理的なアレテー（徳）が挙げられている（図表3-3）。

図表3-3　10例の倫理的なアレテー（徳）

恐怖について
・（怯懦）勇敢（無謀）

快楽について
・（無感覚）節制（放埒）

金銭の使い方について
・（吝嗇《りんしょく》）寛厚（放漫）

式典等の行いについて
・（こまかい）豪華（派手・粗大）

自意識について
・（卑屈）矜持（傲慢《ごうまん》）

怒りについて
・（意気地なし）穏和（怒りっぽい）

他人との接し方について・1
・（卑下）真実（虚飾）

他人との接し方について・2
・（愛想なし・嫌な人）親愛（機嫌取り・佞人）

ユーモアについて
・（野暮）機知（道化）

対他関係において
・（不正搾取）応報・正義（不正利得）

注視すべきは、これらすべてにおいて、不足と超過という図式にはめこんで解説している点だ。たとえば、〝恐怖〟という無ロゴスなペートス（情念）に対応するものとして、どのような知性的、倫理的行為がなされるかについて、怯懦、勇敢、無謀の3類型を挙げている。

具体的に見ると、

・怯懦は、恐怖に支配された状態（勇気の不足）

・無謀は、恐怖に対し無感覚か不適切な対応（勇気の超過）

恐怖というペートスに向き合ったときに、事態がもたらすであろう不快な結果と、恐怖に支配され事態に向き合うことができないこと、これらを両面から総合的に判断した結果としての選択を〝勇敢〟と称して、倫理的な〝アレテー〟あるいは〝正義〟と位置づけている。

他の9つの例についても同様の趣旨で語られている。頭の体操までに各自で自問されるのを薦める（10番目の対他関係においてのアレテー（徳）については、第4章の主題である）。

アリストテレスによると、エートス、つまり、倫理的性状の善し悪しは、このような次第で、なにか決定的に正しい解があるのではなく、「正」を中心に両極に走った場合に表出するところの〝カキア〟（悪徳）から見て、どこかバランスの取れた中間地点に精神の状態を維持することだとする。

だから、この図式をアリストテレスの「中庸の徳」と呼ぶ。前述のフロネーシス（知慮）の話との関係で、これらを捉えるとわかりやすい。われわれは、このはたらきをもって自ら選択するのだ。

アリストテレスの言葉を借りると、

「目標を逸するのはやさしく、的中することは難しい」

その長年の集積が習慣となってエートスを形づくる。その人の「人となり」ということだ。

〈主張4〉

エートスは、次の次第で3分類される。

・（中庸の徳）エウ・ダイモニア（幸福）は、エウ・プラッティン（正しい実践）のエートスである。うるわしきもの、巧益あるもの、快適なもの、醜悪なもの、有害なもの、苦痛的なもの、これらに対峙したときに、魂（倫理性）の調和と節制が保たれている善き人はただしきを失わない傾きを有する。

・（カキア kakia）〝ペートス〟（情念）の支配するエートスは〝カキア〟（悪徳）だ。善き人はただしきを失わない傾きを有するが、フロネーシス（知慮）のはたらき、そしてエートスに劣る人、そういう人は誤る。

・（純粋なる悪）すべての情念が中庸を許すわけではない。悪意、破廉恥、嫉視、姦淫、窃盗、殺人などは、それ自身がそれ自体として劣悪である。これらをまとったエートスは、それ自身がそれ自体として〝悪〟である。

・中庸の徳

これについては、前述した。

・カキア（kakia 悪徳）

この用語を調べると、

Kakia –

The Greek goddess of vice and moral badness（presumably, sin or crime）, was depicted as a vain, plump, and heavily made-up woman dressed in revealing clothes. She tried to tempt many people to become evil, but her most famous temptation was that of Heracles, the greatest and most famous of the divine heroes in Greek mythology.

「人びとの欲望を駆り立て、悪の道へと誘惑を重ねたギリシャ神話の女神カキア。露出度の高い衣装を纏い、勇者ヘラクレスを誘惑したことで知られる」

〝カキア〟とは、その由来は、古代ギリシャの女神の名前から来ているそうだ。

・lack of quality（品性の欠如）

・evil, wickedness, vice, depravity（悪性、邪悪、堕落）

・cowardice（臆病、怯懦）
・dishonour, shame（不敬、恥辱）
・misfortune（不幸、災い）

こうした数々の不敬や品性の欠如、災いの象徴として、人の倫理性においての〝悪徳〟の代名詞となっている。

・純粋なる悪

前述のとおり。とくに解説は要しない。

【まとめ】〜エートスと中庸の徳、そして正義

ソクラテスとプラトン、そしてプラトンとアリストテレス、この2つの師弟関係には奇しくも同じ43歳の年齢の開きがある。師の教えを十分な時間をかけて咀嚼し発展させた。

プラトンはイデア論をもって後の形而上哲学の礎を築いた。アリストテレスは、ソクラテス・プラトンの魂の三部分説に〝習慣〟という概念を吹き込んだ。〝実践〟（エウ・プラッティン）にもとづく倫理学を完成させた。

第2章に紹介のイデア論を説いて形而上世界の徳（アレテー）に重きをおいたプラトンに対

し、本章で見たとおりアリストテレスは生きることとの実践倫理学としての徳（アレテー）を説く。

本書のここからは見解に相違するこの二人の師弟の対話を中心に話を展開する次第となる。本章のまだこの段階では師プラトンと弟子アリストテレスの対話にある種の緊張が垣間見えると思う。章をかさねるごとに、又、互いの見解を確かめあうごとに、二人の対話は〝緊張〟から〝融和〟あるいは〝共通理解〟にまで高まります。

読者諸氏には、このあたりの対話の掛け合いの妙の部分にも注目願いたい。本書の主題であるところの〝正義〟につき語り合うため、われわれの時代に甦った二人ならばいかにこの主題を扱うだろうかをぜひお楽しみいただきたい。

話を戻す。

・中庸の徳。人びとは、〝快楽〟を善きものとし追い求める。〝苦痛〟を嫌悪し避ける。しかし、〝正しさ〟、即ち、魂の善き状態は、〝節制〟にある。適度に快楽を自制し苦痛を受け入れる。その絶妙のさじ加減を、〝人生〟という実践をもって探し求め体得するのだ。

アリストテレスの掲げた5つの人間知性の一つであるところの〝フロネーシス〟（知慮）のはたらきによる〝熟達〟の境地が求められる。今風には、〝問題解決能力〟である。現代のビジネススクールなどで教える中核的な思考体系の仕組みを、2400年前に生まれたこのギリシャの哲学者はすでに解き明かしていたのだ。
そして、〝幸福〟の問題。〝エウ・ダイモニア〟（幸福）は、〝エウ・プラッティン〟（善くやっている）、〝エウ・ゼーン〟（善く生きている）を抜きに成立しえない。
対して、誘惑の魔女カキアに惑わされ、快楽と苦痛への対処の仕方を過った人たちは、悪徳へと道を踏み外すのだ。

【考察ポイント】

本章の冒頭に記したアリストテレスの主張につき、使用される用語をあわせて調べつつ、論拠とするところを見てきた。まとめてみよう。

1．幸福は、それ自体が自足的であり、誰しもが求める善の棟梁格と位置づけられる。富や権力、人気、容姿、ほか、さまざまな善き事柄は幸福の属性に過ぎず、それら1つひとつは、幸福の十分条件でないばかりか、必ずしも必要条件ですらない。

2．アリストテレスの定義する幸福（エウ・ダイモニア）は、倫理的な人格形成との関連で語られる。一般的に用いられる用語として、〝happiness〟があるが、調べると、

〝feeling, showing, or causing pleasure or satisfaction〟（喜びや満足感を感じたり、あらわしたり、それをなしたりすること）とある。〝エウ・プラッティン〟（善くやっている）や〝エウ・ゼーン〟（善く生きている）をもって幸福な人、あるいは幸福な人生と位置づけるにあたっては、この倫理的な実践活動のうちに、あるいは、それにより形成される倫理的な人格の善し悪しが、その人に「喜び」や「満足感」をもたらす、と解するべきだろう。

3．実践的な知性として〝フロネーシス〟（知慮）のはたらきの重要性を指摘する。「知識や経験をもって適切、的確な判断を下す能力」とされる。問題の認識に始まり、状況の把握、選択肢の模索、選択肢の比較考量、そして判断、行為実践と、まさしく問題解決型の知性である。アリストテレスの特徴は、人の倫理性向を決定するのが、この知性タイプの思考だとする点だ。

ちなみに、「知慮」の「慮」は、「熟考する」という意味だ。「熟考して知る」と捉えればよいだろう。

あわせて紹介した〝ソフィア〟の和訳である「智慧《ちえ》」の「慧」は、「真理を知る、悟る」という意味をもつ。「慧眼《けいがん》」などの言葉にも用いられる。

4．ペートス（あるいはパトス 情念）への対処は難しい。恐怖への対処を誤ると、臆病になったり、あるいは無謀になったりする。対他的な公平性・公正のバランスを失すると、アンフェアのそしりを受ける。適度に〝勇敢〟であったり、〝フェア〟であったりすることは、思いのほか難しい。アリストテレスは、この図式（中庸の徳）をもって人のエートス（倫理的性状）をあらわした。

5．〝カキア〟（悪徳）の語源を知ると、西洋文化圏での倫理感が肌身に感じられる。カキアは、不敬や堕落の女神である。人びとの情念や欲望をかきたて誘惑する。前出のペートス（パトス）を語源とするネガティブな倫理性をあらわす英単語を紹介した。哀れ（pathetic）、無関心（apathy）、反感（antipathy）、社会病質者（sociopath）、精神病質者（psychopath）などである。魔女カキアの誘惑に負けて数々の悪徳に身を染めた状態や人を指す。まさしく、〝pathetic!〟（哀れ）ということなのだろう。

6．〝カキア〟（悪徳）と〝純粋なる悪〟の違いもこの構図で見るとわかりやすい。〝カキア〟（悪徳）は「哀れ」だが、〝純粋なる悪〟はそれ自体がそれ自身として自足的な〝悪〟である。悪意、破廉恥、嫉視、姦淫、窃盗、殺人などが例示される。

第4章

「フェア精神」という美徳

【本章のポイント】

・「正義」の本来的意味と現代人が考える「正義」との違いについて考察する。
・「正義」とは絶対的価値なのか。それとも時代に応じて変化するものなのだろうか。
・現代社会において大きな問題となっている「格差」について、あるいは「分断」という政治現象について、アリストテレスはどう考えていたのか。「応報的正義」「矯正的正義」の考え方において、「格差」や「分断」の問題はどう論じられてきたのだろうか。

●徳と正義の関係

プラトンとアリストテレスが対話をしている。

アリストテレス　シモニデス（詩人）の言葉についてポレマルコス（『国家』に登場するソクラテスの友人一家の長男）とソクラテス先生が語り合ったそうですね。

プラトン　そのとおり。それぞれの人に借りているものを返すのが、正しいことだ、というくだりについていてらしいな。

アリストテレス　そうです、それです。正義について語り合っていたと聞きます。そこでは、ソクラテス先生は、賢人として知られるシモニデスのことだから、単純に言葉どおりには意図していない、と申されていたとか。

プラトン　それも、そのとおりだ。しかしそのときは、トラシュマコスが議論に乱入してきてな。あのとおり、正義とは権力者の利益だ、という説をもってソクラテス先生に挑んで来よったから、シモニデスの話はたち消えた。

アリストテレス　はい、そう伺いました。そのあとに、ソクラテス先生が、プラトン先生の2人のお兄様であるアデイマントス氏とグラウコン氏と長いお話をされたそうですな。そのときの話を『国家』で読ませていただきました。理性と気概そして欲望からなる〝範型〟の正しきを〝正義〟とされた、あの有名なくだりです。

プラトン　そうだな。そこは、前回、お前が見事に〝エートス〟（倫理的性状）という名称を与えてくれたな。〝エウ・プラッティン〟のはたらきだとか、〝中庸の徳〟やらだな。なかなか見事に仕上げてくれたと思っているよ。

アリストテレス　ありがとうございます。プラトン先生にそのようなお言葉をいただきますと、まことに光栄です。

プラトン　うん、まあ、それはよろしい。それより、シモニデスの話を蒸し返すのはなにか魂胆があってのことだろう。ほかでもない、お前のことだ。また、なにか思いついたのであろう。

アリストテレス　さすがにプラトン先生であります。見透かされますな。

プラトン　おだてても、なにもないぞ。まあ、よい。聞かせてもらおうか。
アリストテレス　はい、ありがとうございます。では、お言葉に甘えさせていただきまして、そうさせていただきます。

例の〝範型〟の話ですが、ソクラテス先生が不当な判決に直面されても、また、そこから逃げることもできたのに、正々堂々と死を受け入れました（『ソクラテスの弁明』ほか）。自身のなかに、なにか不正を受け入れない〝塊〟のようなものがあって、それがいかなる卑怯や不正も受け入れない、と赤裸々に語られております。

まさしく、これこそが、例の〝範型〟の正体でありましょう。ソクラテス先生のように、正義とはなにかを一生を通じて考えてこられ、そして実践してこられた方だからこそ、ご自身で、ご自身の精神のなかの〝なにか〟の存在を認識できる、そのような域にまで到達されたのだと思います。

わたしは、プラトン先生が〝善のイデア〟の着想を得たのは、このことからではないか、と思っています。

わたしは、分析的な資質にすこしばかり恵まれたとの自負もあり、異なる視点からこれを考えてみました。そこで行き着いたのが、〝エートス〟や〝中庸の徳〟であります。ソクラテス先生やプラトン先生の功績あってこそであります。「知」（〝ソフィア〟）を愛する（〝フィロ〟）、つまり、「フィロソファー」（哲学者）として、両先生の功績を発展させることがわたしの使命と感じた次第であります。

プラトン　まあ、それはよいから、シモニデスの話はどうした。

アリストテレス　はい、それなんです。両先生が指摘された人間精神のアレテー（徳）の状態をもって正義と捉えられた点は素晴らしいと思いますけれども、わたしは、もう1つ別の見方が存在しているように感じております。

プラトン　それが、シモニデスと関係するわけだな。

アリストテレス　ご明察のとおりです。それぞれの人に借りているものを返すのが、正しいことだ、というくだりですが、これは〝正義〟とは対他関係を前提にしているとの意味に取れます。

両先生が仰られた倫理的なアレテー（徳）をもって正義とする考え方は、それがその当人の内側に留まっている限りは〝徳〟でありますが、いったんそれが表出して他の人たちの前にあらわれる、あるいはそれがなにかの基準になって他の人たちの考え方や行為の規範になるに及んで、それは〝正義〟となります。

プラトン　なるほど。だとすると、徳と正義は同じことを異なる方向から見ているわけだな。坂の天辺にいる人には、その坂は下り坂だが、下から坂を見上げている人には上り坂になる。しかし、坂は坂で1つしかない。

アリストテレス　はい、そのとおりであります。そこで両先生が指摘されておりますところの、国政の話が重大な意味をもちます。

プラトン　正義がより多く見いだせる国には、より多くの幸せが存在する、というやつのことかな。

アリストテレス　それです。国政に、倫理的なアレテー（徳）がどれだけ反映されているかです。国政に取り入れられた〝徳〟は、その時点で他の人たちの考え方や行為の規範になります。つまり〝法〟です。だから、規範化された〝徳〟は、そこでは〝徳〟とは呼ばれずに、代わりに〝正義〟と呼称されるに及びます。

プラトン　カキア（悪徳）の場合もそうだな。あの魔女が国政に入り込むと、とたんに〝不正〟だらけになる。不正が蔓延ることは、国を失うことだ。だから、わたしたちは哲人統治を説いた。

アリストテレス　倫理的なアレテー（徳）をどれだけどのように規範化して一般化させるかでありますな。国政についてのそれにつきましては、わたしは、ギリシャ系植民国158のすべてを調べました。しかしそのことは、次回にやりたいと思います。今回は、またすこしばかり違うことを。

プラトン　ほう、その調査結果は聞いてみたいところだ。しかし次回の楽しみにしておこう。ご馳走はガツガツいってはいかんからな。それで、今回はどんな話というのかな。

アリストテレス　プラトン先生、例のシモニデスの言葉には、今申しましたところよりももっと直接的な意味があると考えております。今話を致しましたところが、広義の徳や正義であるとして、狭義の徳としての〝対他性〟にかかわるものがあろうと存じます。それについて話したく思います。

今風にいえば〝フェア〟（fair 公平・均等）というやつですな。今では〝ジャスティス〟（justice 正義）という名称も与えられております。〝徳〟の方向から見れば、〝フェア精神〟、〝正義〟の方向から見れば〝ジャスティス〟。先ほどの先生の比喩を用いるならば、それが一方から見れば上り坂で、他方から見れば下り坂であっても、坂は坂で、同じ坂を違う方向から見ているだけであります。わたしは、これが狭義の正義だと思っております。この話を今回は致すことにしたく思います。

キーワードは〝均〟（isos イソス）です。

●アリストテレス主張のまとめ

・〈広義の正義〉〝ディカイオン〟（dikaion 正義）とはなにかを考える場合、倫理性の枠組みでの議論となろう。「正」（正解、正式、正確など）のすべてを含むのではなく、倫理的に正しい状態であることを指す。〝エートス〟（倫理的性状）と表裏の関係にある。特定の人の内にある場合、それは〝徳〟である。規範化されたり、権威や権力に裏づけられたりして、行為や考え方の基準となった場合、〝正義〟と呼ばれる。カキア（悪徳）と〝アディコス〟（adikos 不正）の関係もこれに準ずる。前者はエートス（倫理的性状）が、後者はディカイオン（正義）の〝ヘクシス〟（hexis 状態）が良好ではないことを指す。

・〈狭義の正義〉〝イソス〟（isos 均）に根ざした徳や正義が、これとは、また、別に存在する。〝エートス〟（倫理的性状）の全般的なところに対応する〝ディカイオン〟（正義）は、広義の正義といえよう。これとは異なる趣で、対他的な正義や不正がある。当事者間の実益や実害と直接的に関係する。倫理的には、益や害の配分がどのような状態が「正」とされるのか。イソス（均）とは、等しい、という意味にくわえて、均衡《バランス》が取れている、ということも表す。当事者の各々にふさわしい比率にて益や害が割り当てられている状態を指して、「配分的正義」と呼ぶ。

・〈応報的正義と貨幣経済〉人びとは、〝相互給付〟という楔《くさび》で結ばれている。〝応報〟というつながりがなければ国は維持できない。この1つの形態として、経済活動が挙げられる。多様な物品の生産と交易を扱うのに、物々交換の仕方では価値の交換が均等的には行えない。そこで、一律に価値を表示するための人為的な手段として、〝ノミスマ〟（nomisma 貨幣）が発明された。

・〈矯正的正義〉“dikaion”（ディカイオン正義）とは、“dichaion”（折半的）という意味合いだ。正しく折半されているか否か、ということだ。だから、「中」を指す。たとえば、ある人

図表4-1　ギリシャ哲学における倫理に関する重要語句

1. hexis ヘクシス（獲得、体得したある状態、性状）

an act of having, possession

a being in a certain state, a permanent condition, produced by practice

2. dikaion ディカイオン（正義）

observant of custom, orderly, civilized

righteous

equal, even, balanced

exact, specific

lawful, just, right

fitting, normal

real, genuine

3. adikos アディコス（不正）

unjust

wrong

4. nomos ノモス・ノミモス・ノミモン（法体系、適法）

from Ancient Greek: νόμος, romanized: nómos, is the body of law governing human behavior.

5. isos イソス・イソン（均等、フェア、公明正大、適切）

just, fair

impartial

equal rights, equality

adequate

6. para nomos パラノモス（違法）

para（パラ）とは、「偽の」「反対の」を意味する。

7. anisos アニソス・アニソン（不均等、アンフェア）

a combining form meaning “unequal,” “uneven”

8. nomisma ノミスマ（貨幣、“人為的につくられた”）

the Ancient Greek word for “money” and is derived from nomos

anything assigned, a usage, custom, law, ordinance

が、不正を被る。窃盗、姦淫、投毒、誘拐、奴隷誘出、暗殺、偽証、あるいは、侮辱、監禁、殺人、強奪、残害、罵詈《ばり》、虐使《ぎゃくし》。こうした行為にいたった者に被害者の損失をうめあわさせる、罰を与え罪をつぐなわせる。こうした不正に対する矯正のはたらきも正義の役目である。

・〈自然法的正義〉〝ディカイオン〟（正義）とは、〝エートス〟（倫理的性状）と表裏の関係にあることを見た。一方で、人為的に制定された法や国政は、エートスを反映する場合もあるし、あるいは過ち、あるいはカキア（悪徳）が入り込む余地もある。自然法的な正義と人為法による正義は必ずしも一致しない所以である。しかし最善の国政は、自然本性に即して1つしかない。しかし、その実現は多くの現実的な困難をともなう。

●プラトンとアリストテレスの対話

プラトン　アリストテレスよ、なかなかに難解な話ではあるが、よくよく考えてみれば、たしかに興味深いのう。復習してもよいか。

アリストテレス　もちろんでございます。

プラトン　そうか。わかった。では、まずは、2つの趣の異なる〝正義〟からじゃな。最初の〝広義の正義〟は、現在の英語の〝righteousness〟に近いな。この英単語の意味を調べると、〝徳〟（アレテー）の全体がすっぽり入るようじゃ。善いこと、麗しいこと、正しいこと、これら全般じゃな。

アリストテレス　はい、まさしく。

プラトン　そこでお前の定義するところによるとじゃ、この全般的な〝正義〟のなかにということであるが、また別種の〝正義〟が含まれるわけであるな。

アリストテレス　仰せのとおりにございます。

プラトン　２つ目の〝狭義の正義〟は、英語の〝justice〟に近い、と。お前の申すところはこういうわけじゃ。われらが言葉では、〝ディカイオン〟（dikaion 正義）じゃろうのう。しかし〝ディカイオン〟は道徳倫理性を含んだ〝righteousness〟の意味合いもありそうじゃ。お前の主張を正しく理解するには、現代英語の方が適しておるやもしれんわい。

アリストテレス　まさしく、そのとおりであります。

プラトン　そこでお前は、これを〝狭義の正義〟と呼ぶことにした。対して、〝徳〟の全般的なものは〝広義の正義〟じゃな。

アリストテレス　はい、そのように色分け致しますことで、〝正義〟という、人により受けとめ方に大きな違いがある言葉をより明確にできるかと考えた次第にございます。

プラトン　秀逸じゃな。この区分けにより、〝正義〟に対してどう向き合えばよいかが明確になる。

アリストテレス　はい、ありがとうございます。さすがにプラトン先生でございますな。ご明

図表4-2　ペリクレース演説にみる「狭義」と「広義」の正義

ペリクレース演説（「まえがき」に掲載）

・権利を侵されたものを救う掟
・万人に廉恥の心を呼びさます不文の掟

前者が本章で紹介した「狭義の正義」であり、後者が「広義の正義」の位置づけ。
「人為法」と「自然法」の区分けにも近い。

察のとおり、〝広義の正義〟は道徳色が強うございますが、〝狭義〟の方は人と人とのあいだの公平性、われらが言葉では〝イソス〟（均）でありますな。これに立脚いたします。

プラトン　そうよ。これらを区分けして考えぬと、〝正義〟の話はややこしくなる。

アリストテレス　はい、左様にございますな。

プラトン　するとじゃ、〝広義の正義〟は、魂の〝hexis〟（ヘクシス獲得、体得したある状態、性状）に関係するわけじゃろうて。そして、〝狭義〟のそれは、〝イソス〟（均）、あるいは〝anisos〟（アニソス・アニソン不均等、アンフェア）との関連づけて考えるわけじゃよ。

アリストテレス　まことに。それがわたしの主張するところにございますな。

プラトン　そうよ。現代の英語圏にお前のこの考え方が引き継がれたのがようわかるわい。〝fair〟（フェア）

という概念じゃな。まさしくのう、われらが言語の〝イソス〟(均)、あるいは〝アニソス・アニソン〟(不均等、アンフェア)の議論じゃわい。

アリストテレス　そうでありますなあ。しかし〝狭義の正義〟とは申しましても、大きくは、〝広義の正義〟に含むところであります。

これはどういうことかと申しますと、現代英語の〝フェア〟にしてもわれらが言葉の〝イソス〟にしましてもでありますが、広くは〝魂のヘクシス〟の一部をなしていなければなりませぬな。

プラトン　うむ、うむ。そうじゃ、そうじゃてのう。〝フェア〟や〝イソス〟を尊ぶ心じゃ。その精神じゃ。フェア精神じゃよ。

アリストテレス　はい、仰せのごとく、〝狭義の正義〟は、まさしく〝フェア精神〟あってのことにございましょうな。

〝正義〟についてのアリストテレスの見解は『ニコマコス倫理学』の第5巻に収録される。〝広義の正義〟と〝狭義の正義〟の区分けがなされる有名な巻である。その考察ポイントをまとめてみた。余力ある読者の皆さんは挑戦されてはいかがか。

【『ニコマコス倫理学』～考察ポイント】

1. 倫理性が規範化されたものを正義と位置づけることは、正論に思える。然るに、倫理性を〝エウ・プラッティン〟(よく実践する)の積み重ねによる習慣の蓄積とした場合、それは可変である宿命をもつ。さらに、万人に共通のエートス(倫理的性状)が存在するかの疑問も呈される。すると、倫理観・価値観の成熟度や相違に基づく正義の認識に、ときには決して小さくない差異が生じる可能性を否定できない。

2. 平等が重要な正義の1つの要素と認識されることは、第1章「『力』は正義か?」にて見た。「平等」という正義に対応する倫理観は「フェア精神」であろうか。

・Fair(フェア)

treating people equally without favoritism or discrimination.

(他者に対して贔屓や差別なく等しく扱うこと)

エートス(倫理的性状)の全体を扱う広義の正義とは別に、狭義の正義として、対他的な利害をともなう関係に即してのものがあるとする。

さらに、平等とはいっても、1人として同じ人間は存在しないわけであるから、その差異に立脚して、各人のふさわしさに比例したかたちでの「配分的正義」を説く。

・比例的配分の例

AとBを人間、CとDを「配分されるべきもの」とする。

A:C=B:Dとする。

書き換えると、A:B=C:D

AとBとの「ふさわしさ」の比に応じて、配分が行われる。

原則的には、適度な比例的配分は多くの人たちが受け入れているが、なにをもって〝イソス〟(均)とするかに共通の認識が形成されているとはいえないのが現状である。

3. 円滑な経済活動を促進するために、人為的な価値交換の手段として、〝ノミスマ〟(nomisma 貨幣)が発明されたことを指摘する。〝相互給付〟という応報的正義を充足する要請に基づく。アリストテレスから見てはるか後世の産業革命時、スミスやマルクスに見たように、特定産業の優遇や独占資本の台頭、そして経済格差をうみだした。許容範囲を大きく超えた不均衡が生じた。

4. 不均衡の是正は、〝正義〟と認識される。不正行為に対して、罰則を設けたり、賠償を負わせたりする。ただし、この〝矯正的正義〟も、運用はなかなかの困難をともなう。意図的に他人に害を与えることは明らかに不正だが、意図せずにそういう結果につながることもある。不正と過失の区別は微妙だ。被害を受ける側も、事件性があるのか事故なのか、あるいは自己責任に基づく損失なのか、それらにより矯正的正義に与る度合いは異なる。また、その際の公正な手続きとはなにか。さまざまなことを踏まえなければならない。

5．倫理性が自然的に規範化されることが理想である。哲学は、もとよりこれを目指す。宗教や政治・法にそれが取り入れられ発展した。数多くの伝統や慣習が生まれ、規範として機能する。現時点ではまだ完璧にはほど遠い。さまざまな不正義に対しての苦悩や対決を歴史に見た。国家とは、その特性として「多くの異なる人たちの集合体」だ。〝違い〟は〝不正義〟を生じさせやすく、〝分断〟（divide, division）を招く。上のとおり、原則論の範囲を出て、実際の〝正義〟の運用には、多くの、ときには解決不能な事態も生じる。しかし、前向きに捉えた場合、アリストテレスの指摘するように、もし倫理性が発展可能な類いの性質を有するならば、そうした困難を内在しつつも、われわれ1人ひとりの倫理性が高まるにつれ、〝正義〟の運用水準も一段と高まるのではないか。どうであろう。

●サンデルの正義論

マイケル・サンデル著『これからの「正義」の話をしよう』（第1章「正しいことをする」、

第2章「最大幸福原理――功利主義」）より以下のケースを考察する。
・暴走する路面電車（前掲書41頁）
・救命ボートのケース（前掲書56頁）

プラトン　ところでお前は、〝正義〟を主題にしてよく売れた本を書いたマイケル・サンデルという男は知っておるか。
アリストテレス　〝justice〟と銘打った書にありますな。
プラトン　路面電車の話やら、救命ボートの話やら、どうやらお前の狭義の正義にあたるところの話を深掘りしておるわい。
アリストテレス　はい。路面電車のブレーキが壊れて、そのままいくと先にいる5名をはね飛ばしてしまう。ハンドルを切り、脇のレール道にいくことはできるが、そこにも1人がいて犠牲になることが必然。なにもせずに5名の死を待つか、意思をもって1人の犠牲のうえに5名を助けるか。そんな話ですかな。
プラトン　そうよ。お前ならばどうするか。わしには、〝答え〟というのはわからんのう。
アリストテレス　難しいですな。そうある話ではなく、設定が非現実的といえばそれまででありますが、ここまでドラマチックではなくとも、趣旨としては似たような事態に遭遇する可能性はありますから。選択肢はあるが、どの選択肢も悲劇的な結末が待っていることが明らかなケースというのも、誰しも遭遇したくはないが、誰しも遭遇する可能性はあるわけでありますから。

プラトン　そうよ。そのとおりよ。救命ボートの話は、もっとショッキングじゃな。フィクションではのうて、現実の事件じゃよ。嵐で遭難した船から、命からがら救命ボートで脱出したまではよかったが、食料も水もない。数週間の流浪のはてに、3人の男たちが仲間の少年を殺し人肉を喰らって生き延びた話じゃ。

アリストテレス　酷い話ではあります。生き延びるための唯一の選択肢は誰かが犠牲になることしか残されていない。どこにも、誰にもすがることができない。わたしがこの立場であったとして、やはりなにが〝正しい〟かはわかりませぬ。

プラトン　そうよ。どのように正義の心があり、フェア精神にあふれておっても、人間の力ではどうにもできん事態がありうるわけじゃろうのう。

アリストテレス　そうですなあ。わたしは、〝justice〟、言い換えれば、〝狭義の正義〟でありますが、人と人とのあいだの関係を〝イソス〟に立脚して裁くという考え方は、じつは法律に馴染みがよいと考えております。現代英語の〝justice〟は、まさしく〝司法〟を指す言葉でもあるわけですから。

しかしながら、人間のつくる〝法〟によってだけでは、完全な〝正義〟を打ち立てることは難しいのも1つの重要な問題、というか、現実でありますな。

プラトン　そこよ。わしは、こう思うがのう。

狭義の正義に立脚した〝justice〟や〝フェア精神〟は尊いし、われら〝mortal〟モータル（生命体として種々の限界に直面する存在）にできることの最善としてじゃ、これに最善の努力を傾けるべきといえようのう。

しかしのう。やはりそれだけでは限界があるわい。大きな道徳心よ。

アリストテレス　と、仰られますと。

プラトン　うむ、わしの思うところ、キーワードは〝選択肢〟じゃな。われら〝mortal〟モータルに許されているのは、選択までじゃ。考えうる選択肢のなかでいかに善く判断をするか。それが、善く生きる、ということじゃろう。

アリストテレス　つまり、それを超越するところまではわれら人間モータルには到達することは無理なのでありますか。

プラトン　そう考えるしかなかろうのう。

アリストテレス　プラトン先生のお考えは、どうも、人間社会の成り立ちに合致しているかもしれません。お話を聞いて思いました。

プラトン先生は、人間という存在を大きく超越するものとしての〝イデア〟の存在を唱えました。それを〝陽光〟に喩えられましたなあ。プラトン先生以降の西洋社会におきましては、この比喩的な世界観をもって〝道徳〟ができあがりました。それをあらためて思い起こしました。

路面電車も、救命ボートも、そこに悪意があれば、どのような選択も〝悪〟でありましょうぞ。漆黒の闇、暗黒の世界に飲み込まれます。プラトン先生が申されますところの〝陽光〟ですな。それが、路面電車や救命ボートに降り注がれているのか。それがイメージできるのか。かりにすべてが悲劇であったにせよ、神の偉大さ、人徳を超越した〝意思〟や〝善〟を見いだせるのか。それが〝大きな道徳〟でありましょうぞ。

プラトン　なんの。お前にそういわれると照れるわい。

アリストテレス　いえ、いえ、わたしはお世辞は好きではございません。プラトン先生もご承知であります。わたしは、現実の話を申しておりますから。

狭義の正義は、法律に馴染みやすい。しかしすべてを法律では縛れない。そこを相互に補完しあうのが、〝広義の正義〟、〝大きな正義〟にございます。われら以降の西洋社会は、われらが哲学やそれを取り込んだキリスト教の大きな精神的な枠組みのなかにて発展してきたのですから。

こう考えますと、あらためて〝正義〟を語ることの重みや奥深さを感じます。と同時に、プラトン先生の〝イデア〟の考え方をはねつけたわたしのあさはかな部分はあったかと恥じ入るところにございます。

プラトン　よい、よい、大いに照れるのう。本日は、もうこのへんでよいじゃろ。この話の続きは次回の楽しみといたすが、よいか。

アリストテレス　しかと。楽しみにしております。

【まとめ】〜ペリクレースにみる〝広義〟と〝狭義〟の正義の相互補完性

本章の最後のここで「まえがき」に掲載したペリクレースの戦没者追悼演説からの次の抜粋文に触れたい。

「われらはあくまでも自由につくす道をもち、また日々たがいに猜疑の目を恐れることなく自由な生活を享受している。だがこと公に関するときは、法を犯す振舞いを深く恥じ恐れる。法を敬い、とくに、権利を侵されたものを救う掟と、万人に廉恥の心を呼びさます不文の掟とを、厚く尊ぶことを忘れない」

とくに末尾の部分に注目願いたい。

・権利を侵されたものを救う掟
・万人に廉恥の心を呼びさます不文の掟

前者が本章にて紹介した〝狭義の正義〟であり、後者が〝広義の正義〟の位置づけと捉えられたい。〝人為法〟と〝自然法〟の区分けにも近いと思う。

アリストテレスが、アテナイ全盛を築いた絶対将軍の演説から〝広義〟と〝狭義〟の正義を区分けする着想を得たのかはわからない。

しかしいえることとしては、ペリクレース統治下のアテナイにおいては〝広義〟〝狭義〟の双方が互いに補完しあい機能していた。このことに注目いただきたい。

【考察ポイント】

正義とは、広義には、現代英語の〝righteousness〟（邦訳〝正義〟）に相当するところの広い意味での善きこと麗しきこと、つまり徳の全般が含まれる。対して、狭義では、人と人との関係における正義、つまり〝平等〟や〝応報〟ということをあらわす。〝フェア〟であるということは、即ち、善き意味での平等や応報が実践されている状態である。現代英語の〝justice〟（邦訳は同じく〝正義〟）に相当する。アリストテレスは、これを最終第10番目の徳として提示し、とくに重要なものとした。

第５章

法律で規定できる正義

【本章のポイント】
・「正義」と「法」（ルール）について考察する。「正義」の規範・意識をどのようにして社会に定着させるかについて考える。
・ルールとして規定する「法律」と、規定しない「倫理」や「宗教」との補完性について考察する。
・『純粋理性批判』を著したカントは、倫理と法律の関係性について、どのように考えていたか。その考え方がドイツ法の形成に与えた影響とはいかなるものだったか。
・アリストテレスが『政治学』において考察した多様な国政について、その特徴を知るとともに、理想の政体とはどのようなものかを考える。必ずしも「民主制」が理想ではないとする点は注目すべきである。

●法律と正義の関係について

プラトン　広義と狭義の正義を分けた考え方はなかなかのものじゃの。〝徳〟（アレテー）と〝正義〟（倫理）が表裏の関係にあるとの指摘もよろしい。
アリストテレス　ありがとうございます。お褒めいただきまことに嬉しく思います。
プラトン　道徳や倫理性が規範化され法的になることで〝正義〟と呼ばれる、というのは盲点であったな。後世の言葉では〝コロンブスの卵〟とかいうそうであるな。わしの主張である〝魂の範型〟は、いってみれば、正しい道徳や倫理性というものを空間認識論的に言い表したアナロジーであるわけであるから、それをもって、ソクラテス先生やわしが〝正義〟としたのはあながち的外れではなかったわけじゃ。

アリストテレス　はい、わたしは先生の薫陶を賜り今日があるわけでありますので、わたしなりに先生のお話をどのように咀嚼すべきかを常日頃、考えております。わたしの言葉で申しますと、〝エートス〟（倫理的性状）というのは、あくまでその人の内側にあるものでありますが、行為として外側にあらわれることで、その人の〝人となり〟となります。同じものであっても、視点により呼び名が異なることは少なからずあると思います。

プラトン　坂の天辺にいる人には下り坂、下にいる人には上り坂であるな。坂は坂で1つしかない。あれじゃな。

しかし、徳をもって法にする、というのは一筋縄では行かないのではないか。

アリストテレス　はい、まったくそのとおりに思います。自然法の摂理に従えば、いつの場合にも、〝徳＝正義〟ではありますが、人間がつくる法律によってやるとなると。

プラトン　難問であるな。だからこそ、ソクラテス先生やわしは、〝哲人統治〟の流派なのであるがな。

ひとつここでお前が提唱するところの〝中庸の徳〟のおさらいをやってみるのはどうじゃ。それが〝徳〟をあらわすものと仮定してじゃ、それをどのように法律にできるかを調べてみるのは。

アリストテレス　それはよい考えに思えます。

プラトン　そうか、では、まずはわしがお前の考えを理解しておるか確認せねばならぬな。

『ニコマコス倫理学』には、次の10例の倫理的なアレテー（徳）が挙げられている。

《恐怖について》恐怖に対する向き合い方の正しい形は、勇敢。勇気の過小は怯懦。過大は無謀。

・（怯懦）勇敢（無謀）

《快楽について》快楽に対し節度を保つことが正しい。即ち、節制。快を快と感じないのは無感覚。快の過大は放埒。

・（無感覚）節制（放埒）

《金銭の使い方について》正しい金銭の使い方は、寛厚。過小は吝嗇。過大は放漫。

・（吝嗇）寛厚（放漫）

《式典等の行いについて》正しきは、豪華。過小は貧相。過大は派手・粗大。

・（こまかい・貧相）豪華（派手・粗大）
《**自意識について**》正しきは、矜持《きょうじ》。過小は卑屈。過大は傲慢《ごうまん》。
・（卑屈）矜持（傲慢）
《**怒りについて**》正しきは、穏和。過小は意気地なし。過大は、怒りっぽい。
・（意気地なし）穏和（怒りっぽい）
《**他人との接し方について・1**》自己の表現の正しきは、真実。過小は卑下。過大は虚飾。
・（卑下）真実（虚飾）
《**他人との接し方について・2**》接する親密度や態度の正しきは、親愛。過小は、愛想なし・嫌な人。過大は、機嫌取り・佞人《ねいじん》。
・（愛想なし・嫌な人）親愛（機嫌取り・佞人）
《**ユーモアについて**》正しきは、機知。過小は野暮。過大は、道化。
・（野暮）機知（道化）
《**対他関係において**》応報の正しきは、正義。過小は、不正搾取。過大は、不正利得。
・（不正搾取）応報・正義（不正利得）※狭義の正義
・（純粋なる悪）すべての情念が中庸を許すわけではない。悪意、破廉恥、嫉視、姦淫、窃盗、殺人などは、それ自身がそれ自体として劣悪である。これらを纏ったエートスは、それ自身がそれ自体として〝悪〟である。

プラトン　こういうことでよかったかな。美徳を〝中〟に、その過小も、過大も、どちらも〝カキア〟（悪徳）であるな。なかなか立派に定義したもんじゃ。

アリストテレス　まさしくそのとおりであります。お褒めいただき光栄に存じます。

プラトン　いやいや、なかなかもってたいしたもの。人間の〝ペートス〟（あるいはパトスpathos 情念）にいかに向き合うか。知っているとは思うが、お前の教えはわれらのはるか後世に至っても、われらが時代には辺境の地であったガリアやブリタンニア、ゲルマンの地までひろがって慈しまれておる。〝中〟の美徳を外し逸れ魔女カキア（悪徳）に引き込まれて道を踏み外していく輩は、まさしく、〝pathetic〟（哀れ）じゃ。〝カキア〟と〝純粋なる悪〟の区別もよろしい。徳の善し悪しではなく、別の次元での真性の悪行はまさしく劣悪として相当であろう。

〈参考〉

〝広義の正義〟は、英語の〝righteousness〟に近いと思われる。

righteousness

1．the quality or state of being righteous:

（道徳的に正しいこと、その資質）

2. righteous conduct:
（道徳的な行為）
3. the quality or state of being just or rightful:
（公平性や適法性に優れていること、その資質……"justice"）
注 "righteousness"は、"justice"（以下を参照）を含む。日本語では、どちらも"正義"と訳される。

プラトン　ところで、お前の徳の定義がこれでよしとして、どのようにこれを法律にするかだったな。考えを聞かせてもらおう。

アリストテレス　そこです。政治哲学としての考究であるならば、学問としての純粋倫理の枠を超えて、実践性が求められますからな。

先生がこの点で哲人統治を説かれることは承知しております。理論的には、それも可能ではあろうと思います。然るに、政治は理論だけで立ち止まることは許されませんところ、わたしはギリシャ系植民国158の国政をすべて調べてみました。本日は、そのご報告をさせていただきたく存じます。

プラトン　うんうん、そうであった。前回からそれを楽しみにしていたぞ。ご馳走はガツガツやってはいかんからな。これは、わしが先走り過ぎたかな。

アリストテレス　ありがとうございます。ただし、現時点で申し上げられることもございます。

1つには、最後に挙げた応報的正義であります。わたしはこれを〝狭義の正義〟としました。これ以外の他の徳目は、大なり小なり、〝倫理〟の問題といえます。法律に定めるには、馴染み易さに少なからずの問題を抱えていると申せましょう。然るに、この狭義の正義につきましては、当事者のあいだでの利害にかかわります。利害の対立こそが法律のそもそものの必要性の端緒と申せましょう。従いまして、この部分につきましては、法律というものとはじめの時点から馴染みがよろしいかと存じます。

これにつきましては、われらの時代におきましても、正義、つまり、"dikaion"（ディカイオン正義）が"dichaion"（折半的）という意味合いで用いられていることに鑑みましても、法律的な〝正義〟と位置づけられているわけであります。

プラトン　うんうん、まことにそのとおりであるな。狭義の正義を、他の倫理的な正義と区別したのもそういう所以であろう。

アリストテレス　はい、ご賢察のとおりであります。ちなみに、現在の英語圏での"just"という用語は、"dikaion"（正義）にきわめて近い意味をあらわすようであります。

Just

1. guided by truth, reason, justice, and fairness:

（真実、ことわり、正義、公平性に依拠した）
2. done or made according to principle; equitable; proper:
（原則、衡平性、的確性に基づき行われる）
3. based on right; rightful; lawful:
（権利、正統性、適法性に基づく）
4. in keeping with truth or fact; true; correct:
（真実、事実に照らし合わせての、真、正）

アリストテレス　英語の〝justice〟（正義、公正、裁判、司法など）もここから来る言葉でありますところ、わたしの規定いたしますところの〝狭義の正義〟につきましては、すでに法律の枠組みの土台となっておるかと存じます。

プラトン　そうであったな。お前は、イギリス系の経験主義哲学者らに受けがよいからな。さぞかし法律や司法の制度の発展に貢献したことであろうの。

アリストテレス　ありがとうございます。ちなみに、経験主義といいますと、英語圏の〝justice〟の流れを汲む司法におきましては、〝判例法主義〟という原則が定着しておるそうです。

●判例法主義

判例法主義とは、判例をもっとも重要な法源とする考え方。不文法の要素であり、過去の同種の裁判の先例に拘束される。イギリス・アメリカなどでは、判例を第1次的な法源とし、裁判において先に同種の事件に対する判例があるときはその判例に拘束されるという原則である。

プラトン　なるほど。お前の申すところの〝狭義の正義〟が法律と密接なつながりをもって発展したことはわかった。

アリストテレス　わたしの貢献がどれほどのものかはわかりませんが、〝狭義の正義〟とわたしが述べたところのものが法律と相性がよいのはたしかでありましょう。

これとあわせて、英語圏の文化体系には、〝fair〟（公平、衡平、フェア）という概念が定着いたしました。応報的な正義には、配分的正義や矯正的正義が含まれると前回述べましたところ、その基準となるのが〝fair〟（フェア）か否かということになります。

また、この〝fair〟というのは、大人数が集い、その場でさまざまな商取引が行われるイベントの意味も含みます。自由な市場にて決定される価格を〝fair price〟（フェア価格・適正価格）と呼びます。イギリス、アメリカなどの英語圏を中心に自由主義経済が発展いたしましたのも偶然の産物ではないと考える次第であります。

これらを総括して反映するのが、〝フェア精神〟であります。応報的正義の現代世界のかたちが〝justice〟と致しますと、これを支える倫理性と申しますか、〝徳〟がこれにあたるだろうことを前回申し上げた次第であります。

justice

1. the quality of being just; righteousness, equitableness, or moral rightness:
（公正、正義、衡平的、道徳的であることとの資質）
2. rightfulness or lawfulness, as of a claim or title; justness of ground or reason:
（訴訟における正当性、適法性）
3. the moral principle determining just conduct:
（公正な行為を定める道徳原則）
4. conformity to this principle, as manifested in conduct; just conduct, dealing, or treatment:
（公正原則に基づく行為、処置、処遇）
5. just treatment of all members of society with regard to a specified public issue, including

equitable distribution of resources and participation in decision-making (usually used in combination):
(公共的な事柄について、たとえばリソースの配分や意思決定への参加などについての社会の構成員に対する公正な扱い)
6. the administering of deserved punishment or reward:
(公正原則に基づいての罰や恩賞)

プラトン　なるほど、なるほど。われらの時代からはずいぶんと科学や技術は発展したが、倫理の側面からの原則はわれらが作り上げたわけであるな。
アリストテレス　はい、そう思って矜持をもつべきと存じ上げます。プラトン先生にしても、アカデミアの精神は現代まで引き継がれております。魂の正しい〝範型〟を文武の両道をもって養成し、そして理性のはたらきにより真理の探求を行う。良家の子女の教育はまさしくこの伝統を受け継いでおります。アイビーリーグを中心とした米国のリベラルアーツ教育もその流れを脈々と汲んでおります。

●倫理性の徳と法律

プラトン　ところで、話を戻してみたいがよいだろうか。応報的正義、つまり、お前の申すところの〝狭義の正義〟についてはよくわかった。

他のもっと法律とは相性がよろしいとは思えない倫理性の色合いの強い徳についてはどうなるのかな。なかなか難儀に思えるがのう。

アリストテレス　プラトン先生、そのとおりでありますな。わたしの調査報告に入る前にある程度は申せることがありますと申しました。それは、今話をいたしました〝狭義の正義〟ともう1つ、それがこの問題についてであります。

プラトン　聞こうではないか。

アリストテレス　はい。われらが哲学を取り入れたキリスト教はヨーロッパ各地で大成功をおさめたあと、新大陸においても確固たる地位を占めております。

かの宗教がこの過程で成し遂げた功績は、高い倫理観を定着させたことにありましょう。われらが時代は、徳をもって善く生きることを説いたわけでありますところ、これを道徳の体系として教義化して、しかも神の権威を重ね合わせました。

後世の形而上学者でキリスト教信者でもあるカントと申す者が、これをさらに哲学の観点からも論証いたしまして、それにより、キリスト教的倫理観を、わたしが申しますところの〝自然法〟の位置づけにまで高めた次第であります。

いってみれば、世俗の法体系を宗教が補完し、充足しあうような仕組みになったといえましょう。


イマニュエル・カント（1724〜1804）

18世紀後期のドイツの哲学者。『純粋理性批判』『実践理性批判』『判断力批判』などで知られる。

人間は、その直観力にて倫理性の〝範型〟を認識する。知性の力にてその善悪を判断する。それが人間の自然的な理性の素質とする。

〝善〟に従い、〝悪〟を忌避する。

倫理性の〝範型〟は、内面的な〝法〟となり、従うことに強い義務感を生じさせる。

カントは、キリスト教世界においては、この〝範型〟が道徳を意味すると位置づける。

プラトン　なに、あのキリスト教徒の批判学者のカントか。あやつは、けしからん。じつに、けしからん。わしのイデア論をして、けちょんけちょんにいいおった。
アリストテレス　申し上げにくいのですが、そのカントであります。イデア論については、まあ、そうでありますな。

プラトン　あやつがなんといったか知っておるか。プラトンは、土台のないところに理論を建築して、その結果、真空の世界の彼方へと飛び去っていった、といっておるのだぞ。じつに、けしからん奴だ。

アリストテレス　お怒りのほどはお察しいたします。まあ、なんとかお怒りのほどをおおさめくださいませ。カントにしても、われらと同じ愛知者であります。決して、個人攻撃の意図はないかと存じます。

その同じカントが、プラトンとアリストテレスについては、キリスト教と同じ〝範型〟を有している、と申しております。

プラトン　あたりまえではないか。われらの哲学をキリスト教が取り入れたのじゃ。順序が逆であろう。

アリストテレス　まあまあ、プラトン先生のお気持ちはお気持ちとして、ここはわたくしに免じて、カントの主張するところをお聞きくださいませ。

プラトン　それはお前にいわれんでもわかっておる。話せ。

アリストテレス　はい、ありがとうございます。

プラトン先生もよくご存じのとおり、英米以外の大陸ヨーロッパの法制度は、〝制定法主義〟に基づきます。

●制定法主義

成文化し制定した成文法を第一義的な法源とする考え方。英米などが採る判例法主義と違い、制定法主義・成文法主義を採る大陸法系の国々では制定された法律・条例などを法源とする。国民生活にかかわるあらゆる分野において成文法が存在し、成文法がもっとも重要な法源となっていることから、成文法主義ないし制定法主義を採用しているといわれる。

アリストテレス　なかでもドイツは、カントの影響がその法制度に強く反映されている、といわれます。

カントによりますと、人間が〝ア・プリオリ〟に認識できるのは、空間と時間だけ、とのこと。つまり、数学や物理学は空間や時間を理解する学問でありますところ、経験の助けなしに純粋理性のみにて真理を探求することがより容易なジャンルということになります。

然るに、〝人間〟を学問の対象とする哲学や倫理学においては、これは当てはまらない。人間の感性をもって知り得た知識を、空間のなかのある形状をもった〝物体〟あるいはなにかの〝型〟として認識するのは可能だが、〝観念〟により生成されたこの〝物体〟ないし〝型〟をいかように思弁してもその真理を知り得ることはできない。可能であることは、ただ1つ。理性のはたらきの方向性を変えること。なにを知るべきか、という問いを廃して、代わりに、なにをすべきか、これに命題設定をシフトすること。そう申しております。

プラトン　〝ア・プリオリ〟とは、なんじゃ。

アリストテレス　カントによりますと、経験の助けなく、この影響をすべて取り除いたときに、人間の純粋理性が認知できる対象、とあります。

プラトン　人間は〝観念〟という実在性のない感覚を〝感性〟のはたらきにより空間のなかの〝物体〟として認識できる。しかし、観念は所詮は観念に過ぎないから、数学や物理学の要領では学問の対象になりえない、ということか。じつに忌々しい物言いじゃて。

アリストテレス　そういうことになりますかな。

プラトン　まあ、よい。先を話せ。

アリストテレス　はい。では、お言葉に甘えまして、そういたします。

知り得ないことを知ろうとする試みは空虚。しかし、なにをすべきか、という問いは現実のもの。その前提たるものが、たとえ〝観念〟であったにせよ、理性をはたらかせる端緒がなにであるかはその人の自由選択に基づく。〝すべき〟こそが哲学や倫理学の究極の命題であることを忘れてはならない。そういうことであります。

図表5-1　キリスト教と司法（Justice）からなる西洋市民社会

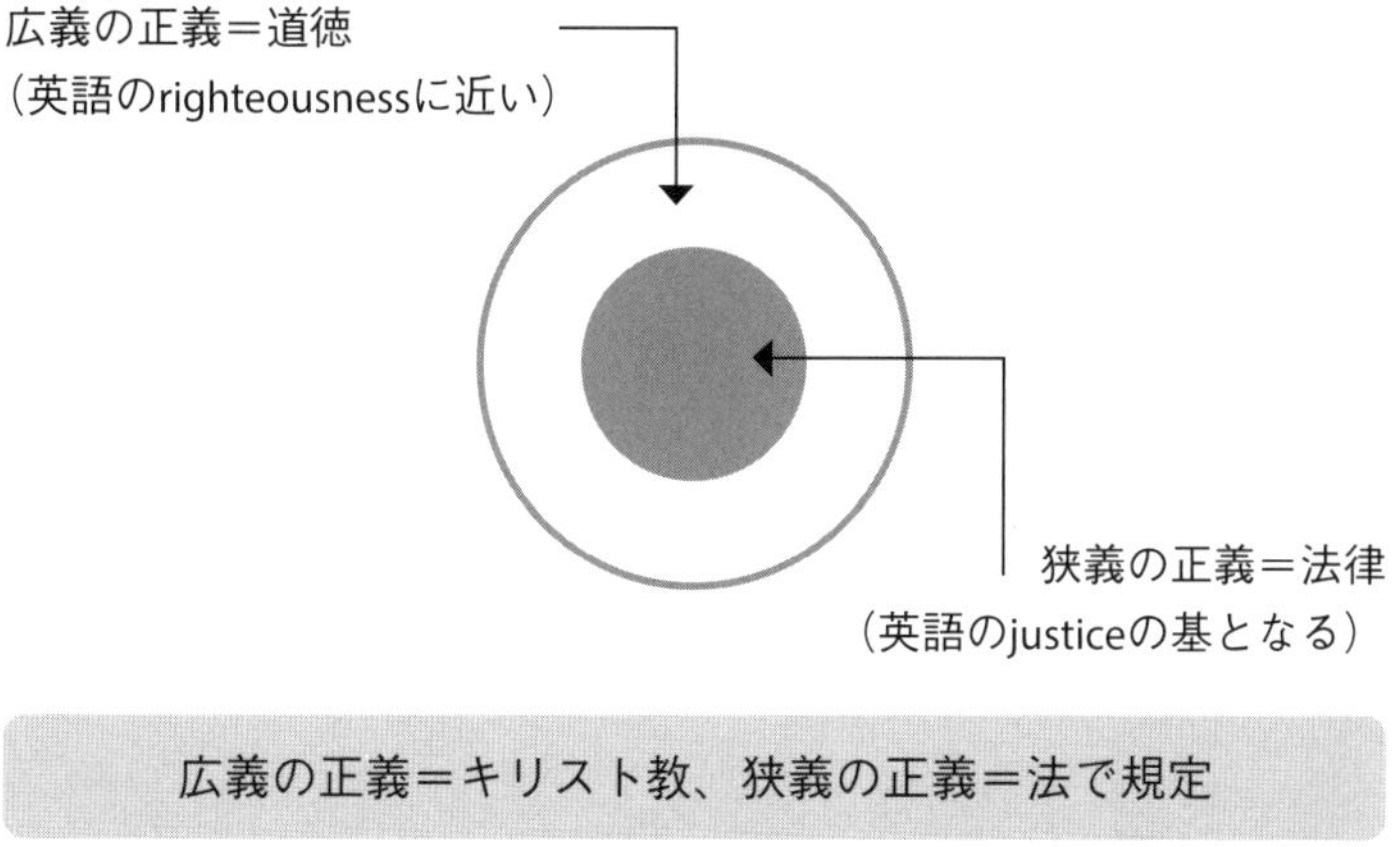

広義の正義＝道徳
（英語のrighteousnessに近い）
狭義の正義＝法律
（英語のjusticeの基となる）
広義の正義＝キリスト教、狭義の正義＝法で規定

プラトン　話が長い。簡潔に奴の主張を述べよ。

アリストテレス　はい、大変に失礼いたしました。カントの申し分は次のとおりであります。

・「すべき」は、神の存在（あるいは、善のイデア）を実証しようとしまいと、誰しもの現実の問いである。

・では、その指針たるのはなんであるか。もしも神（あるいは、善のイデア）が存在するとしたならば、なにを「すべき」とするか。

アリストテレス　いってみれば、世界に冠たる倫理観を築き上げたわがキリスト教の道徳体系に従え、ということでありましょう。

プラトン　もうよい。趣旨はわかった。この話はこれで止めて、お前の調査報告を聞くとしよう。

●アリストテレス『政治学』

「人間は完成されたときには、動物のうちでもっとも善いものであるが、法や裁判から孤立させられたときには、動物のもののうちでもっとも悪いものである」

有名なこの句で始まる『政治学』について、主要な論点を述べていく（書籍の態様とは異なるが、あえて調査報告の仕立てにする）。

調査について

ギリシャ系植民国158カ国についての調査を以下の次第で行った。

①対象となった国々の国政を、（1）権力の所在（独裁、寡頭、民衆）、（2）権力行使の目的（権力主体の利益か、国家・公か）の2つの観点から区分して、次の6つの形態の国政をそれぞれ調べた。

権力主体の利益のための国政

・僭主独裁政治
・寡頭（少数独裁）政治
・民衆（衆愚）政治
国家・公のための国政
・王制（徳人）政治
・貴族（パトロン）政治
・〝国制〟（民主）政治

②それぞれの国の規模（人口、経済）や、国民各層の構成（財産、職業）、国政の仕組み（立法、行政、司法の在り方）に注目して、特徴を調べた。
③これらの国々に内乱や国政変革が生じたケースにつき、具体的な調査を行った。

以上の1項から3項のそれぞれについて判明したところの主要ポイントを述べる（詳細は、アリストテレス著『政治学』参照）。

1．さまざまな種類の国政

まず、次のことを見ていく。

〈調査項目1〉

対象となった国々の国政を、1)権力の所在（独裁、寡頭、民衆）、2)権力行使の目的（権力主体の利益か、国家・公か）の2つの観点から区分して、次の6つの形態の国政をそれぞれ調べた。

権力主体の利益のための国政について

・僭主独裁政治
・寡頭（少数独裁）政治
・民衆（衆愚）政治

僭主独裁政治

国政の権限が1人の権力者の専権として集約されている形態である。

さらに、「正義とは権力者の利益」とのトラシュマコスさながらに、権力者の利益のための政治がなされる傾向が強い国々の事例を調べた。

次のことがいえる。

・〝王制（徳人）政治〟との線引きは明確にはいかない。とくに、法的に正当な手続きに則ったケースでは、あくまでその全体的な傾向にて判断するしかない。
・しかしこのタイプの国政について多くの事柄を述べる必要性もあまりない。支配される国民の各層の意思に反するものである。というのも、自由な国々の人びとでこのような国政を望む者はいないからである。
・このタイプの国政は寿命が短い。飴と鞭を使い分けて、また、圧政を強固な法律や官僚体制にて補強することは可能だが、せいぜいもって70年、どんなに長くても１００年、たいがいは20年から30年のスパンで国政の変革が生じる。

寡頭（少数独裁）政治

少数のエリートに権限が集中する。エリート特権が先行する国政といえる。

この形態の国政は、大きく４つに分けられる。どれも望ましくはないが、比較的に善い順に以下となる。
・国政に携わる資格は設けられているが（アリストテレスの時代は、財産高）、一定の条件をクリアすれば、国民の誰にもその資格が与えられる。
・国政参加の敷居が高く設定され（財産高と人数）、かつ、欠員が出た場合のみ、有資格者による互選によりあらたに門戸が開かれる。

・国政参加の資格は、世襲に限られる。
・世襲であるばかりでなく、国政の執行が、法律ではなく、これらのエリートの恣意的な独裁によることになる。

民衆（衆愚）政治

一般的には、多数の民衆と少数の富裕者層からなる国々において、いずれの側に実権があるかでそれぞれ民主制か寡頭制と呼ばれている。

しかし実際にさまざまな国々の実態を調査すると、その多様さを痛感する。富や生まれ、教育や資質、技能、その他、国々でこれらの混淆の具合はまさに千差万別だ。また、それらの階層のあいだに〝配分的正義〟（評議や諸役、名誉、富、徳、その他）がどのようにはたらいているかもまさに多様である。

この次第を認識いただいたうえで、全体として〝民主制的〟と判断した国々の国政を調べた結果を述べる。

これらの国々の国政はだいたい以下の種類に分けられる。

・国民を隔てる各種の基準（富や生まれ、教育や資質、技能、その他）にかかわらず、自由と平等の精神が重んじられており、国民各層は、国政にかかわる権利について等しい。
・諸役につき行政に直接携わるには、一定の条件（財産など）が課せられるが、総じてその条件は軽重で〝排除的〟なものではない（〝排除的〟の場合は、それは寡頭制である）。
・諸役につく条件は定められていないが、その分、法律の規定する範囲が広い。
・法律の権威や規定がないがしろにされ、国政は大衆が数の力で支配する民会が決定する。大衆に媚びる民衆指導者らが国政の実権を握る。
最後の形態がもっとも悪い。
大衆は数の力で全体として〝独裁者〟となる。

国家・公のための国政について

・王制（徳人）政治
・貴族（パトロン）政治
・〝国制〟（民主）政治

王制（徳人）政治

王制とは、アレテー（徳）に優れた1人の王に権威を集約させる仕組みを指す。しかしながら、王制が敷かれている国々も、調べてみるとさまざまな種類が存在する。だいたい次の特徴により分類できる。

・法律と王権の力関係

・王政を支える官僚機構の権威やはたらき
・終身制か否か、世襲か否か
スパルタ式の王政は、慣習や成文法により王権を制限しており、権威や権限も王に比類するいくつかの職に分散されている。〝王〟というよりも、むしろ〝将軍職〟に近い。対して、絶対王政と呼ばれているものもある。総じて、王権は法律を凌ぎ、その地位は世襲される。この2つのタイプの王制の中間にいくつかの変種がある。

ギリシャ世界の伝統的な盟主であるスパルタの国政はなかでももっとも善い。絶対王政がもっとも不安定だ。残りの種類の王制は、その善し悪しも、両者の中間である。

貴族（パトロン）政治

1人の王に代わり、国家に対してパトロン的なはたらきをする少数の貴族らの合議制を指して、貴族制と呼んだ。貴族制も、王制と同様に、国家の支配者としてのアレテー（徳）を有していることが条件となる。

区分けは、王制の場合と同じに考えるべきだろう。法律や官僚機構、選任や任期ほか、〝人間〟によらない〝機構〟の定着の次第により分けて考えればよい。

王制も、貴族制も、支配者のアレテー（徳）が絶対条件であり、もしも彼らのそれが国全体のそれを上回る場合は、最善の国政になりうる。しかし、どのような人間も少なからず変容する可能性を秘めていることは議論を待つものではない。

国制（民主）政治

民主制の項にて述べた第1番目の種類をもって「国政」と呼ぶことにする。「国民を隔てる各種の基準（富や生まれ、教育や資質、技能、その他）にかかわらず、自由と平等の精神が重んじられており、国民各層は、国政にかかわる権利について等しい」国家とは、その自然的な性質としてさまざまに異なる人たちからなる。国々により、国民の種類も、混淆の具合も千差万別である。これらのさまざまに異なる国々においては、最善の国政の条件も在り方も違ってくることは議論するまでもなく当然すぎるほどに当然だ。

然るに、国民のすべてに自由と平等をもって配分的な正義があらわれることを目的におく種類の国政は、金持ちか貧乏人かなどを問わず、特定の人たちのものではなく、すべての人たちのものであることから、それらを総称して〝民主的〟といわれるのである。

2. より詳細な観察

次の点につきポイントを整理する。

〈**調査項目2**〉

それぞれの国の規模（人口、経済）や、国民各層の構成（財産、職業）、国政の仕組み（立法、行政、司法の在り方）に注目して、特徴を調べた。

2－1　異なる国政が生じる原因

調査した国々の国政にかような違いが生じるのは、なぜか。それは、人々は、自分と境遇が似ている人たちとのあいだで〝等しい〟ことを意識するからであろう。等しい人たちには、連帯意識が芽生えやすい。この連帯意識に基づいての〝正義〟、すなわち共通利益を欲する。

独裁、寡頭、民主制のそれぞれにこれを探すと、

・僭主独裁においては、自分とその支持者や取り巻きの利益となるところ、
・寡頭（少数エリート）制においては、富や名誉、生まれ、教育、アレテー（徳）に似通った者同士の優越性に資するところのもの、
・民衆（衆愚）制においては、自由民であることの共通項のみをもって、その他の相違を〝平等〟の美名のもとに抑圧し、数の力にものをいわせるところのもの、

という傾向が生じる。

大国は、人口が多く、栄えた経済をもつ。最上層の階級と最下級とのあいだの中間層が人口比率で大きい。このことも、国政の違いに影響を及ぼす。

中間層の人たちは、自分たちの生活を政治からは概ね独立して営むことができている人たちだ。つまり、日々の政治の動向にはそれほどに関心をいだかず、自分たちの生活が維持できている限りにおいて、政権の継続を好む。

小国において、この傾向は反転する。多くの地所を所有し富裕な人たちと、日々の生活にも事欠く人たちとの対立の構図に陥りやすい。

農業国は、比較的に安定する。同じ理屈からである。政治の場所には生活圏が物理的に遠く、かつ、自分たちの生産手段を有するからだ。

都市部に、生産手段をもたない階層の人たちが集中すると国政は混乱する。政治の場に近く、日々の動向が嫌でも耳に入る。生活は極度に不安定で、国政への不満がうっ積する。民衆指導者のもとに集い、数の力を結集しようとなる。

〝等しい〟は、政治において正義である。このような国々においても、この意味で、〝正義〟の一部分は見いだせる。そうでなければ、国は維持できない。

しかし、かような正義は、それ自身がそれ自体として自足的な無条件の〝正義〟ではない。法律や国政の仕組み（立法、行政、司法の在り方）にこのような正義が反映された場合、まさにトラシュマコスの指摘の「権力者の利益」が正義となる。

法律を自分たちの都合のよいように制定する。あるいは、法律の権威や規定をないがしろにする。評議や諸役、裁判を独占する。ポストを独占したり、権限の所在を都合よく設定したりする。さまざまな施策をこうじて利益誘導したり、そのほか、選挙工作、警察権の乱用、情報統制、詐欺、欺瞞、恐喝、隠蔽、拉致・隔離、偽証、でっち上げ、ありとあらゆることが行われる。

この場合、誰が権力者かは問わない。1人の独裁者の場合もあれば、少数のエリートの場合もあり、または、数にものをいわせた大衆が全体としてその位置を占めることもある。部分的には正義だが、全体としては不正義が横行する。以上、さまざまな国政のなかでも、悪い国政の調査の報告とする。

2－2　善政と政治哲学

では、善き国政がなされている国々にはなにを見いだせるか。ひとことでいえば、アレテー（徳）がはたらいている、ということだ。

人びとは、なぜ、国を営むか。それは、善く生きるためである。

利害のみの関係ならば、あるいは他国からの干渉を防ぐためだけ、相互に不正をはたらきあうことから身を守るためだけ、そうした消極的な社会契約が〝国家〟だというならば、それを

〝国〟とは呼んではならない。

なぜならば、そうしたことは、互いに共通の〝善〟を追求するのではなく、契約に基づいての権利と義務の履行をなしているに過ぎないからだ。そうした関係は、単に〝アライアンス〟(同盟や提携)をなしているに過ぎない。この形態の結合を、われらは〝国家〟とは考えない。国家とは、これらより以上に、国民相互に共同の〝善〟を欲する。アレテー(徳)のはたらきなしに、それは望めない。

では、国家としてのアレテー(徳)とはなにか。それは、すべての人たちがアレテー(徳)の恩恵に与ることだ。具体的に見ていく。

〈ポイント1〉評議や諸役の選挙や評価には、すべての国民が等しく携わる。

少数の優れた人たちだけによるものよりも、多数のふつうの人たちの行う判断は、より正義にかなう場合が多い。

アナロジーを用いると、料理の旨い不味いを決めるのは、料理人だろうか、それとも客だろうか。答えは明らかだ。たとえ料理の技術に優れなくとも、料理の〝徳〟(アレテー)、つまり、どの店を選ぶのか、その味を賞味し恩恵に与るのか、これを行うのは料理人ではなくて〝客〟なのである。

〈ポイント2〉国政に参画することに障壁を設けてはならない。

国を運営するには、さまざまな能力や技能が求められる。国政上の〝徳〟（アレテー）、つまり、政治能力や行政技能ほか、について適材適所でなくてはならない。

先のアナロジーを用いるならば、客に選ばれ、もっとも恩恵を与えるに資する〝料理人〟がいてこそはじめて、〝客〟は料理の〝徳〟（アレテー）に触れることができる。

適正な才能や資質を発掘するには、特定の少人数集団に限るよりも、より広く大きな母集団から選ぶべきであるのは議論を俟たない。

〈ポイント3〉精神の〝徳〟（アレテー）こそが、国政の根底になくてはならない。

ソクラテス・プラトンいわく、

「多くの正義が見いだせる国家には多くの幸福があり、多くの幸福がある国家にはやはり多くの正義がある」

繰り返しであるが、国家とは単なるアライアンスの集合体ではない。善く生きるために、すべての国民が結束すべき共同体である。倫理性のアレテー（徳）について、また、これと表裏の関係にある正義について、前章までの本書のトピックス並びに今回のプラトン・アリストテレス対話編にて、すでに十分に述べた。

3．国政の変革

最後に次のことを見ていく。

〈調査項目3〉

これらの国々に内乱や国政変革が生じたケースにつき、具体的な調査を行った。

以上のように、国のうちにはさまざまな異なる人たちがおり、潜在的に内紛はいつも生じうる。

『政治学』には、第5巻すべてを当てて、調査した国々に実際に生じた内紛や内乱の事例を踏まえての詳細な論述を行った。

ここでは、簡潔に主なポイントのみ記述する。

〈ポイント1〉不正がはびこる国々では、そうでない国々よりも多くの内乱が生じる。

寡頭制であれば、大きく2つの方向から生じる。

1つには、民衆に対して不正をはたらいた場合である。民衆の蜂起の仕方は千差万別であるが、結果として生じた怒りの矛先は富裕な少数者へと向かう。

図表5-2　「敵意」と「憎悪」そして「分断」

アリストテレス『政治学』の実証研究から得られた結論は明快

- 「敵意」と「憎悪」（英 ヘイトhate, hatred、希 ネイコス neikos）による分断（英 divide, division）が国を誤らす。
- 民主制だろうが、寡頭制だろうが、独裁制だろうが政体の如何によらない。

※「力」と「正義」が深い愛で結ばれたとき、人々はフルにポテンシャルを発揮し本来的な意味での「生」（ゼーン）を得るのだ。紐帯が育まれ、そして子孫の繁栄をみる。

2つ目には、これらエリート階層のあいだでの内輪揉めによる。そのきっかけとなるところは千差万別であり、また、結果として生じる事態のてん末も多種多様だ。寡頭制であることは変わりないが、主要な役職を奪い合うかたちとなったり、あるいは、民衆や、ときには外国を巻き込んでのいさかいに発展したりもする。

民主制の場合、対立は、エリート層とのものとなる。民衆が数の力に頼んで不正を行う場合である。国政を独占したり、富裕な人たちの財産を差し押さえたり、名誉を棄損したりする場合などである。

また、民主制が顕著に衆愚の様相を呈し腐敗が蔓延した場合に、その是正を画策するケースもある。

民主制から寡頭制に移行する場合もあれば、より善い民主的な国政になる場合もある。

〈ポイント2〉内乱を起こす側に〝正義〟があらわれる場合もあれば、不正な意図からこれが行われる場合もある。

内乱は、不正に対しての正当な意図（矯正的な正義）でなされるとは限らない。内乱を生じさせることで利益に与ろうと企図する人たちが謀る場合も往々にしてある。

〈ポイント3〉利得、名誉欲、傲慢、恐怖、優越心、軽蔑ほか、内乱の原因となるところは、およそ〝カキア〟（悪徳）にあると認められる。これらの〝カキア〟（悪徳）が、対立する主体の一方にある場合もあれば、両者に認められる場合もある。

前者のケースは、矯正的な正義によるとも捉えられるが、国政変革のあとに実権を手中にするに及んで、僭主になったり、強力な寡頭制になったり、大衆民主制になったりと、今度は自分たちが不正をはたらく側にまわるケースも頻発する。

後者の、不正により生じた機会に乗じて、やはり不正により権力の掌握を謀るケースに至っては、不正の連鎖を招く事態となる。

〈ポイント4〉寡頭制はより民主的に、民主制はより寡頭的に、国政の在り方を混淆させることによって異なる人たちの均衡を維持するのが正攻法である。

異なる人たちのあいだでは、「等しい」のもつ意味合いがすれ違うことを前述した。さまざまに国政における不正や内乱をもたらす土壌となる。正しい善い国政の国々には、〝混淆〟が絶妙の次第にてなされているのである。

【まとめ】～〝Civil Society〟（市民社会）にみる、〝道徳〟（広義の正義あるいは自然法）と〝法律〟（狭義の正義あるいは人為法）の相互補完性、そして〝分断〟にみる派閥正義と全体としての不正義

アリストテレスの狭義の正義は、比較的に法律により対処しやすい。現代英語の〝justice〟は〝司法〟そのものを意味するところでもある。対して、広義の正義、つまり他の徳全般はより道徳的な色合いが濃い。道徳を法律により規定できるのか、あるいはすべきか。狭義と広義の正義、趣きの異なる種類の正義をどのように取り入れるか。プラトンやアリストテレス哲学をキリスト教を通じて受け入れてきた西洋社会は、法律と宗教が相互に補完しあう仕組みになっているのだ。

『政治学』における実証研究の成果が指し示すところの〝正義〟の重みはいくら強調してもし過ぎることはないほどだ。ひとは〝等しい〟ことをもって結びつきやすいが、〝国家〟とはそのそもそもの成り立ちとして〝違う人たち〟により構成される。等しい人たちのなかでの〝正義〟は全体としての〝不正義〟となる。対立が生じ国が乱れる。〝違い〟を乗り越えるには、ひとえに〝全体としての正義〟による以外の選択肢はないのだ。

次章では、人と人との結びつきの観点からこの問題を考えてみたい。

第6章

「愛」と正義

【本章のポイント】
・「愛」と「正義」の関係について考える。
・西洋哲学が説く「愛《フィリア》」の本来的意味とはなにか。「愛《エロース》」との違いとはなにか。
・アリストテレスが『ニコマコス倫理学』で論じている「愛の3形態」について考察する。
・「愛」と「国政」の結びつきについて考える。「愛」を喪失した国家と紛争との関連についても考察する。

●「愛」と正義について

プラトン　前回の調査は、ずいぶんと参考になったわ。2022年の時点の世界で国連に加盟する国の数は193カ国じゃ。2400年近く前の世界で158のギリシャ系の植民国の国政を包括的に調べるとはおそれいる。

アリストテレス　ありがとうございます。わたしはプラトン先生のご著書に触発されまして、出すぎたことかとは思いましたが、先生の理論を実証的に調べてみたいと考えた次第であります。

プラトン　そのとおりじゃろうな。わしはお前よりも43歳も年齢がいっているからのう。アカデミアの経営もあることであるし、植民国の国政の顧問のようなこともしておる。なかなかもって力仕事をこなすのは難しい。お前のような者がいてくれることは大助かりじゃて。

アリストテレス　もちろんでございます。身に余る光栄に存じます。

ところで、その調査だが、すこしばかり質問してもかまわぬだろうか。

●悪人と悪徳な人たちだけの国家

プラトン　そうか、それでは、そうさせてもらおう。

それをするうえで、われらソクラテス一門に共通であることからまずは始めるかのう。魂の〝範型〟、あるいは言葉を変えてみよう。〝心の傾き〟と呼ぶのは、どうじゃ。これを、お前が申すところの〝エートス〟（倫理性の性状）としてはどうであろうか。

アリストテレス　まことにわかりやすい表現でありますな。わかりました。

プラトン　ある一定の模範となる心の〝範型〟があるとしてじゃ、ここからいくぶんか、あるいは大いに傾いて固定してしまった状態がお前の申すところの〝カキア〟（悪徳）であろう。

アリストテレス　それもごもっともに的を射ております。

プラトン　そうか。それでは続けるとしよう。

人間の心というのは、常日頃から、あの誘惑の魔女カキアの、ときには甘く、ときには恐喝まがいの力によって心の傾きがゆらいでおるといたそう。

アリストテレス　うまい表現ですな。しかし理性の力や習慣の嚮導《きょうどう》により、都度、正しい〝範型〟、あ、失礼いたしました、〝心の傾き〟でありましたな。正しい〝心の傾き〟に引き戻す力も同じようにはたらいておりますな。

プラトン　そうそう、そこじゃ。それこそが、お前の申すところの〝エウ・プラッティン〟（善く実践している）じゃて。ピンダロス（古代ギリシャの詩人）もそう詠っておる。われらギリシャの伝統ともいえる考え方じゃ。

ところが、あの魔女カキアはなかなかに巧みでのう。さまざまに手口を変えて人びとの心に侵入しよる。

アリストテレス　まさしくそのとおりでありますなあ。

プラトン　最初は、気づかないほどに、すこしずつ、すこしずつじゃ。あの魔女は、人の心に入り込んでは、自分の悪の領域に引き込もうと画策するわい。

アリストテレス　そうですな。そして気がついたときには時はすでに遅い。それが悪癖となり、そうは易々とは心の傾きを元には戻せませんな。

プラトン　そうであろう。すると、ある日、気づいたときには、その人は、さまざまに悪癖が定着した者に成り下がっておるわ。

アリストテレス　そうでありますな。人間さまざま生まれもっての気質というのもありますな。どのような悪癖が定着しやすいかもそれに影響されます。

プラトン　そうよの、気質も大事じゃて。もって生まれた気質の弱そうな箇所を攻めてきよるからのう、カキアの魔の手は。

アリストテレス　わたしもそう思います。人間の心は思いのほか脆いですから。

それで、プラトン先生、どのようなお話に展開いたしますか。

プラトン　それよ。われらソクラテス一門の共通の考え方として、魂の〝範型〟、言い換えると、〝心の傾き〟が正規・正当のものであることが倫理性の基本というか、〝正義〟であったな。

そこで、お前の調査についての質問をさせてもらう前に、ひとつ調べてみたいと思ったんじゃ。

アリストテレス　なんでございましょう。

プラトン　うん、もしもじゃ、この世の中から〝正義〟がなくなってのう。残るのは、悪人と悪徳の人たちだけになったとしよう。

正義の話は、たいがいは〝正義〟から話が始まる。最初から〝心の傾き〟がひん曲がっている奴らは、自分の恥ずべきをなんとか隠したいとの意図もあるだろうからのう。そういう輩は、〝正義〟に斜に構えることから入る。その論がどのように正当であったとしてもじゃ。奴らのやり口はまず決まっておる。〝認めない〟という手口じゃ。これで逃げ切ろうとする。

だからのう。話をまずは〝正義〟を抜きにして始めるわけじゃ。もし、世の中が根っからの悪人とカキア（悪徳）に侵された奴らしかいないとして調べてみる。

アリストテレス　それは、大変に画期的な発案でありますな。プラトン先生こそ、コロンブスの卵でありますぞ。

プラトン　そうか。お前ほどの者にそういわれると、悪い気はしないな。

では、再三で申し訳ないが、お前の中庸の徳をおさらいしようではないか。

●中庸の徳

《恐怖について》恐怖に対する向き合い方の正しい形は、勇敢。勇気の過小は怯懦。過大は無謀。

・（怯懦）勇敢（無謀）

《快楽について》快楽に対し節度を保つことが正しい。即ち、節制。快を快と感じないのは無感覚。快の過大は放埒。

・（無感覚）節制（放埒）

《金銭の使い方について》正しい金銭の使い方は、寛厚。過小は吝嗇《りんしょく》。過大は放漫。
・（吝嗇）寛厚（放漫）
《式典等の行いについて》正しきは、豪華。過小は貧相。過大は派手・粗大。
・（こまかい・貧相）豪華（派手・粗大）
《自意識について》正しきは、矜持《きょうじ》。過小は卑屈。過大は傲慢《ごうまん》。
・（卑屈）矜持（傲慢）
《怒りについて》正しきは、穏和。過小は意気地なし。過大は怒りっぽい。
・（意気地なし）穏和（怒りっぽい）
《他人との接し方について・1》自己の表現の正しきは、真実。過小は卑下。過大は虚飾。
・（卑下）真実（虚飾）
《他人との接し方について・2》接する親密度や態度の正しきは、親愛。過小は、愛想なし・嫌な人。過大は機嫌取り・佞人。
・（愛想なし・嫌な人）親愛（機嫌取り・佞人）
《ユーモアについて》正しきは、機知。過小は野暮。過大は道化。
・（野暮）機知（道化）
《対他関係において》応報の正しきは、正義。過小は不正搾取。過大は不正利得。
・（不正搾取）応報・正義（不正利得）

（純粋なる悪）すべての情念が中庸を許すわけではない。悪意、破廉恥、嫉視、姦淫、窃盗、殺人などは、それ自身がそれ自体として劣悪である。これらを纏ったエートスは、それ自身がそれ自体として〝悪〟である。

プラトン　こういうことでよろしかったな。

アリストテレス　そのとおりにございます。

プラトン　では、始めるとするか。

まずは、世の中に勇敢な者はいなくなり、臆病者（怯懦）と、乱暴者（無謀）だけが残される。

アリストテレス　よいですな。

プラトン　では、続けよう。同じように、節制を旨とする者はいなくなる。植物のようになにも歓喜の情がない者（無感覚）と、野獣のごとき欲情と快楽に走る輩（放埒）だけになる。

次には、こまごまと小銭を貯めこむことだけが生き甲斐のさもしい根性が染みついた者（吝嗇）が一方で、他方は、金があればあるだけ使って足りなければ他人から借りてまでの金銭感覚が欠落している放蕩の輩（放漫）。

生き方が貧しく何事も立派に行えない者（こまかい・貧相）、あるいは、その逆に不必要に虚勢・見栄をはるガラの悪い輩（派手・粗大）。

呆れるほどに自尊がない者（卑屈）、逆に、あつかましく傲《おご》り高ぶる輩（傲慢）。

正当に怒りを表すべきときになにもいえない弱虫（意気地なし）、反対に、怒りの感情を制御できない輩（怒りっぽい）。

真なくへりくだりへつらう者（卑下）、逆に、うわべだけを飾る輩（虚飾）。

挨拶もろくにできない、しない者（愛想なし・嫌な人）、逆に、あからさまに愛想をふりまきおべっかを用いる輩（機嫌取り・佞人）。

一緒にいるのが恥ずかしくなるほど教養なく風雅がわからない者（野暮）、逆に、馬鹿丸出しのおどけの輩（道化）。

こんなところであるか。

アリストテレス　まことにうまい表現でありましょう。

プラトン　お前のいうところの〝狭義の正義〟というか、応報的な正義の欠落は決定的じゃな。不正搾取と不正利得を野放しにしては、世の中が成り立たないからな。

アリストテレス　まことにもって。それがわたしの説にございます。

プラトン　そして、最後に純粋なる悪じゃな。中庸の問題ではなく、これらはそれ自身がそれ自体として自足的に劣悪である。悪意、破廉恥、嫉視、姦淫、窃盗、殺人など、われらが今調べるところの世界にては、日常的に野放しじゃな。
見方をかえれば、この世界は、モーセが、神から十戒を賜る以前の状態じゃて。

モーセの十戒
モーセは、ユダヤ教並びにキリスト教における重要な救世主の1人。エジプトにて奴隷身分に堕ちていたユダヤ民族を約束の地カナンを求めて脱出させたとされる人物。
モーセの十戒は、モーセが神から与えられたとされる10の戒律のこと。神への帰依《きえ》と、冒してはならない戒律として、父母への敬愛、殺人、姦淫、窃盗、偽証などが記される。

アリストテレス　まことにそのとおりでありますな。野獣の世界であります。
プラトン　それで、どうじゃ。このような世界の住み心地は。
アリストテレス　そうですな、プラトン先生の着眼の妙には驚かされます。このような視点で観てみますと、〝正義〟ということの意味が歴然であります。
同じくかように明らかになりますことは、このような世界は決してつくり物ではないことにありましょう。それというのも、これこそが、先生が現実の世界の投影として比喩的に申されておりますところの洞窟に囚われた人たちの世界であるからであります。

彼らに、正義とは、あるいは正義は存在するか、と問いましょう。答えは明らかであります。そんなものは幻想で、存在するものか、と申すでありましょう。そして、彼らは、これ以上ないほどに、正しいのであります。

なぜかといえば、われらが〝正義〟を取り除いてしまったからであります。だから、彼らの申すとおりに、この世界においては、〝正義〟は存在いたしません。

プラトン　うん、うん。そうじゃ、そうじゃ。

アリストテレス　しかし、それでは本当に〝正義〟がないかといえば、これはまた誤った考えになります。われらが抜き取り、われらの手元にそれはちゃんとある。たしかにある。

プラトン　そうじゃ。そのとおりじゃ。

アリストテレス　まさに洞窟に後ろ向きに座らされて、自分たちの影だけしか知らない人びとの世界であります。正義を知らない彼らは、自分たちの影だけを見て、世の中には正義はない、と感じ、信じ、あたりまえ過ぎるほどにあたりまえに、誤った心の傾きが定着するわけですな。

●倫理性のアレテー（徳）と国政

プラトン　ソクラテス先生がよく話されておったが、才能ある若者とこういう話をすることが究極の〝エロース〟（精神上の美質・美観）であるとな。わしもそんな気持ちがわかるような気もするぞ。お前のおかげでな。

アリストテレス　ありがとうございます。

プラトン　ところで、そのソクラテス先生じゃが、わしの2人の兄であるアデイマントスとグラウコンとな、こんな話をしておったわ。お前の国政の調査研究の話を聞きながら思い出したところじゃ。

グラウコンの問い（再掲）

1人では自足できない人間は、集団生活を営み互いを補完しあう。最初は、家族、親族単位、次第に村や町をつくり、国を形成するに至る。国が大きくなるにつれ、さまざまな種類の人間がその国に居住するようになる。互いに不正をはたらきあっていては大いに不都合が生じる。次第に、人びとのあいだには約束ごとや規範、法律の類が必要になり、不正をはたらけば罰が与えられる。

つまり、他の人たちから不正をはたらかれる怖れから、不正とは反対のことを「正義」と呼ぶようになる。

然るに、正義とは、そんなうしろ向きで消極的なものなのか。

人びとは、罰せられる恐怖さえなければ、平気で不正を行うのか。

それでは罰則への恐怖が正義ではないか。

プラトン　ソクラテス先生は、個人の話から目を移して、国家のアレテー（徳）の話をなされたそうじゃ。国家の正義と個人の正義は深く結びついておる、とな。

アリストテレス　ソクラテス先生の慧眼《けいがん》のほどが偲ばれますな。このような形態の正義しかない国家は、〝国家〟とは呼べませんから。単なる〝アライアンス〟（同盟、提携）に過ぎないものであります。〝国家〟とは、善く生きるための国民の結合体であります。

プラトン　そうよのう。お前の研究でまさしく証明されたといえよう。善き国家は、正義を追求するものであり、悪しきそれは特定社会階層ごとに互いに争いながら利益追求をする分断構造の集合体に過ぎないことがようわかった。
また、法律がそれを担保せねばならん。立法、行政、司法の3権は、それぞれが立派にその役を果たすわけじゃ。

中間層の存在の重要性も見逃せない大切な発見であるな。自足的な生活を営む階層が比例的に大きな数を占めるならば、争いの種も少なくて済むからのう。

アリストテレス　はい、まことに正鵠を射たご意見と存じます。

プラトン　しかし、わしはここに重要ななにかを加えねばならんと考えるわけじゃ。

アリストテレス　そうでありますか。それはどのようなものになりましょうか。

プラトン　うん、それは個人の倫理性じゃよ。

アリストテレス　それは、もう、そのとおりでありますな。

プラトン　悪人と悪徳だけの人たちの国家というのを調べてみたわけであるな。お前は、かような輩ばかりの世間において、すべての人びとの自由と平等をうたった国家が成立すると思うか。

　恥ずべき人たちの、恥ずべき人たちによる、恥ずべき人たちのための国家、とはいったいどんなものであろうか。

アリストテレス　およそ、〝友愛〟とはほど遠いものになるのは間違いのないところでありましょう。この点で申せば、〝力こそが正義〟としたトラシュマコスは正しいともいえますな。

プラトン　そうであろう。そこでわしのお前に対する質問じゃよ。人びとの結びつきという点についてのお前の見解を聞いてみたいのじゃ。

アリストテレス　たしかに承りました。

●多様な「愛」

ここからは、アリストテレス『ニコマコス倫理学』の第8巻の内容を踏襲する。〝フィリア〟（philia）が主題である。邦訳では、〝愛〟とされる。日本語のこの言葉を調べてみると、

「そのものの価値を認め、強く引きつけられる気持ち」。

というニュアンスである。アリストテレスの〝フィリア〟（philia）は、より広義の〝友好関係〟というほどに良好な関係性と捉えるのがよい。

フィリア（philia）

・friendship, love, affection, fondness
（友情、愛、親密、好意）
・friendliness, kindliness, without any affection
（とくに親密な関係にない前提での、親しみ易さ、優しさ）
・sexual love, like eros

（性愛、エロース）
・（with regard to things）fondness
（なにかの対象への、好意性）
・regarded as the natural force which unites discordant elements and movements, as neikos
（〝ネイコス〟neikosに象徴される紛争をおさめ、紛争当事者をまとめる力）

アリストテレス自身も自分のいわんとすることをピタリと一言であらわす用語がみつからず、テキスト内に以下の条件を付記している。
・お互いがお互いをよく知っていること。
・お互いにお互いのための善を願っていること。
一定の交流や交際があることを前提に、互いに良好な意図を相手に対し保持している状態、あるいはその関係性からくる行為とする。
〝フィリア〟（philia）の対義語として、〝ネイコス〟（neikos）がある。

〝ネイコス〟neikos
・quarrel, wrangle, strife
（口論、論争、闘争）

・strife of words, railing, abuse, taunt, reproach
（激論、垣根、濫用、挑発、叱責）
・strife of law, dispute before a judge
（訴訟、争議）
・battle, fight
（戦い、喧嘩）

〝良好〟な関係性をあらわすのが〝フィリア〟(philia)で、反対に、〝険悪〟なそれは〝ネイコス〟(neikos)。両者は、関係の方向性・ベクトルこそ真逆であるが、〝関係性〟をあらわすという意味においては、同一の次元にあるといえる。

対して、〝愛〟とすると、付帯的に〝愛情〟という〝情〟を想起させる。あるいは、〝憎しみ〟とした場合も、〝憎悪〟の〝情〟を想起させる。テキストの内容から、アリストテレスの用いる〝フィリア〟(philia)には、〝情〟は含まれないと解すべきである。情感が存在しないわけではむろんないが、彼の主題は、〝情〟ではなく、人びとの〝結びつきの形態〟であり〝関係性〟だからだ。

人間と人間の結びつきの形態として、それが〝良好〟な場合の次のさまざまな類型を見ていく。

図表6-1　古代ギリシャの多様な愛（愛着）の形態をあらわす言葉

・フィリア：良好な人間関係、友人愛
・エロース：性愛、感性愛
・ルダス：遊戯興味への愛
・アガペー：無償の愛
・プラグマ：永続的な愛
・フィラウティア：自己愛
・ストルゲー：家族愛
・マニア：熱狂偏執的な愛

・互いに同格の場合
・立場に優劣がある場合
・類似的な人たちの場合
・共同体における場合
・国政における場合
・血族関係の場合

そのうえで、〝良好〟とは反対の次のことに話が及ぶ。
・〝フィリア〟（philia）が、〝ネイコス〟（neikos）に変容する（紛争が生じる）場合

生物学者であるアリストテレスならではの観察学の生き方に思える。

●フィリアの3形態

アリストテレス　わたしの場合は、ソクラテス先生やプラトン先生とは異なる視点から〝愛〟を見ていきたく思います。両先生は、〝愛〟の究極のかたちと

しての〝エロース〟(eros) という概念をうみ出しました。わたしは、わたしの人間社会のあり方の研究という観点から、〝フィリア〟(philia) による人びとの結びつきの関係性を考究いたします。

プラトン　なるほど。して、その言葉の意味から教えてくれんか。あの愛欲の女神の〝フィロテース〟(Philotes) から来ている用語であるかな。

アリストテレス　はい、〝フィリア〟(philia) とは、女神フィロテース (Philotes) に由来すると思われますが、比較的最近になり〝関係性の親密さ〟をあらわす意味で〝フィリア〟(philia) が用いられるようであります。

しかしかなり広義な曖昧さを多分に含んでおります。わたしは、わたしの考究の目的から、これを〝良好な関係〟あるいは〝友好関係〟という意味合いに用いたく思います。

プラトン　うん、たしかにソクラテス先生やわしの用いた〝エロース〟(eros) とはずいぶんに異なるようじゃ。

エロース (eros)

プラトン著『饗宴』の主題である。

ギリシャ神話に登場する恋心と性愛を司る神エロースに由来する。

手には弓と矢を持つ。黄金でできた矢に射られた者は激しい愛情にとりつかれ、鉛でできた矢に射られた者は恋を嫌悪するようになる。後世の〝キューピッド〟の原型だ。甘美な物語で語られる。

地上の人間界で、王の末娘プシュケーが絶世の美女として噂になっていた。プシュケーとはギリシャ語で、「心・魂」の意味である。

プシュケーと恋におちたエロース。

人間の〝魂〟（プシュケー）に神の〝愛〟（エロース）が吹き込まれた。

2人のあいだからは、ヘードネーという名の女神が生まれた。ヘードネーとは〝快楽〟を意味する。

ソクラテスを交えた男らが、このエロースを題材に究極の美や愛とはなにかを語り明かすさまが『饗宴』に記される。

順番に参加者が持論を述べていき、最後にソクラテスが語る。

神エロースのように才能あり美しい若者たちと、理性をもって形而上的な世界観を考究することにこそ究極のエロース（甘美な愛の美質）があると指摘する。

アリストテレス　そうでありますな。わたしも究極は、先生方の申される観照的（形而上的）な考究の生活にあると賛同いたしますが、広く人間社会を考察するとなると、人びとの結びつきの形態を実証的に探していかねばなりません。
そこで取り入れたのが〝フィリア〟であります。
まずは、お互いがお互いをよく知っていること、お互いにお互いのための善を願っていること、一定の交流や交際があることを前提に、互いに良好な意図を相手に対し保持している状態、あるいはその関係性からくる行為、と定義させていただきまして、さまざまに良好な関係とはどのようなものがあるのか、そしてそれらはどのようなことに立脚するのかを調べてみたいと存じます。

プラトン　なるほど。良好な関係をもって人びとの結びつきとするわけじゃな。たしかに理にかなっておる。

アリストテレス　はい、ありがとうございます。そのうえで、結びつきが壊れ、仲たがいする場面がどのように訪れるかをあわせて見てみたく存じます。

フィリアの3形態
・有用性（utility）
・快楽（pleasure）
・徳・善性（ethos, good）

わたしが思いますに、人びとの結びつきには、3つのかたちがございます。1つは、有用性（utility）に基づきます。互いに、なにかの便益や功利的な欲求を相手に望みます。商売上（business）のつながりなどはその典型でありましょう。

次に、快楽（pleasure）によるつながりもあります。若い人たちの関係は、この類いが多いかと存じます。愛欲はこの範疇になるでしょうし、ほかにも、相手が同じような趣味をもっているとか、いってみれば、一緒にいて楽しい、という類型の結びつきでありましょう。

そして最後になりますが、〝人となり〟に基づくものが挙げられます。相手が〝善き人〟であるからの関係となります。誰しも、友や愛人が善き人であることを願います。〝徳〟（エートス）に基づく関係といえます。

プラトン　なるほど。たしかにそうじゃや。たしかに、3つじゃな。功利的なつながりをわしは高く評価はせんが、お前の申すところの〝フィリア〟（良好な関係性）という視点ではたしかに結びつきの一形態をなすわな。

快楽は結びつきになくてはならんて。いうてみれば、功利的なつながりにしてもじゃ、その結果として得ることになるなにかの快楽があってのことであろう。それが金銭の場合もあろうし、愛欲のこともあろう。お前の申すところの徳や善性に基づくつながりにしてもじゃ、それは善き人と友になり愛人となることは快楽を伴うのではないかのう。

アリストテレス　はい、さすがにプラトン先生でありますな。わたしが申そうとしていたことを先にいわれてしまいましたわ。そのとおりにわたしも考えております。3つの形態と申しましたが、プラトン先生のご指摘の次第の仕組みで互いに絡み合っております。3つのうちのすべて、あるいは2つが同時に存在する結びつきも当然にございます。

然るに、わたしがこれら3つを区分けいたしましたのは、人びとの結びつきの端緒がどこかによってその結びつきの対象となる人物の種類、あるいは、結びつきの形態や持続性が大きく変容するからであります。

プラトン　と申す意味はなんじゃな。

アリストテレス　はい、と申しますのも、エートス（倫理的性状）や善性に基づく結びつきは、その人たちの本性に根ざします。対して、有用性や快楽による結びつきは、その付帯性に基づきますから、これが失われれば、結びつきのそのそもそもが失われることを意味します。関係は解消されると考えるべきでありましょう。

まず申し上げるべきは、徳や善性による結びつきは、その人たちの本性に根ざしますから、その人たちのエートスが変容しない限りは失われることはございませんし、さらに重要なことは、善は善なるが故に結びつくわけでありますので、有用性や快楽の類いとは異なり、対価を要しません。

〈補足〉

アリストテレスは、徳や善性によるフィリア（良好な結びつき）をアレテー（徳）の一形態と捉えていたようだ。フィリアの過小は〝孤独〟であり、過大は〝八方美人〟というところか。

また、有用性や快楽に基づく功利的な関係は、ある意味での市場取引のような具合に、必ず同価値の対価が求められるとする。取引関係に基づく人間関係が人間本来の本性に基づくとは考えておらず、いずれは解消に向かうか破綻するとした。

善による結びつきのみが、対価関係を超えた、人間性の本性からなるフィリアと捉えており、これを〝正義〟の一形態であり、最上位に位置すると考えた。

アリストテレス　これに対して、たとえば若さ故の快楽は、歳を重ねれば失われます。金銭もそれが失われれば、縁の切れ目、とよく申します。

そういう類いの結びつきについては、善き人ばかりではなく、悪しき人びとのあいだでも可能であります。ヤクザ同士の結びつきも、功利的に算盤勘定があうならば良好な関係となりましょう。仲間意識のような、ある種の快楽、つまりは居心地のよさもないとは申せませんから。

プラトン　算盤勘定と類似性か。わしは好かんが、そのような類いがあるのはたしかではあるな。

アリストテレス　はい、立場の優劣に基づく関係というのもございます。優越的な立場の人たちは、追従や尊敬、名誉の類いを劣等な人たちとのつながりから得ることでありましょう。ある種の快楽であります。それらと引き換えに、劣等な立場の人たちは、なにがしかの利益を優越的な立場の人たちとのつながりから欲するわけであります。

共同体的なつながりもよく観る結びつきの形態であります。なにかの団体、倶楽部、学校、軍隊、出身地域、ほか、これらは類似性に基づく結びつきの延長にあると考えて差し支えないと思います。あるいは、その団体がなにかの目的を有するものである場合、それを遂行し達成するということについての有用性も含まれることでありましょう。

●国政における結びつき

アリストテレス　国政に至っては、まさしくこの結びつきが〝善〟によるものであるか、それ以外によるものであるのかにより、大きな違いが生ずることになります。

善による統治が、どのような形態の国政においても、他のことをもっての統治に優ることをわたしの調査研究にて明らかにいたしました。利得に基づく統治は、利益を享受する階層とそうでない階層に国を分断（divide, division）することにあいなります。

フィリア（良好な結びつき）が消失して、代わりに、〝ネイコス〟neikos（険悪、憎しみの関係）に変容する（紛争が生じる）ことになります。

これは、理屈を申しているのではなく、158の国政を調べたうえでの厳然たる事実にございます。

プラトン　まさしくそうよの。よう申した。善なる人、善なる統治は、それ自体が善きことであるがために、お前の申すとおり、それ自体がそれ自体の本性としてフィリア（良好な結びつき）をもたらし維持することになる。

先に調べた正義なき世の中に戻って考えてみればよくわかるわ。悪人と悪徳の輩ばかりでは、善によるフィリアはあり得ん。文字どおり、こやつらは悪であるがために、そのことにより善なる結びつきは不可能なんじゃからのう。奴らにあるのは功利と快楽の欲望による結びつきだけじゃて。それ以外にはない。すれば、お前のいうとおり、どのみち、破綻いたすわい。

アリストテレス　そのとおりにございますな。

すれば、もう一つの調査について説明したく思います。

●血族における結びつき

プラトン　というと、どのようなことかの。

アリストテレス　はい、人びとの結びつきとして、もっとも根元的であろう血族におけるそれであります。

もし血族のあいだにおいても、善による結びつき以外のフィリアがあって、先に申しましたように、それはなんらかの応報的な功利性や快楽による取引関係が存在して、もしそれらが失われるような場合には、たとえ血族における結びつきであっても、一転して〝ネイコス〟neikos（険悪、憎しみの関係）に変容する（紛争が生じる）ことがあるか、という問いにございます。

プラトン　そうよの。たしかに血族間でも善なきフィリアに支配されるようならばじゃ、しかも、その結びつきの端緒が功利的かあるいは快楽しかないとして、もしそれで血族のあいだですら、〝ネイコス〟neikos（険悪、憎しみの関係）の支配に甘んずるなら、それより格段に結びつきの弱い国政に善なきフィリア（良好な結びつき）を求めるのは、到底に無理なことじゃな。

アリストテレス　はい、左様にございます。

プラトン　なんと、かようなことならお前よりはるか年配のわしにまかせんか。血族のなかでももっとも血族といえるのは、親子の関係。これを調べれば足りるわい。そしてこういうことがいえる。親子の関係も基本は、功利的であり、快楽的じゃ。親は与える側じゃが、子は自分の分身と思うから善くする。いうてみれば、自分に対して与えている意識よのう。対して、子は与えられる側じゃて、親に対して愛おしさや尊敬の態度で接する。これが親への対価じゃ。悪しき輩でもこれは可能じゃよ。

しかしのう、親にしても、子にしても、どちらかが、あるいは両方が悪しき場合、そのことに対する軽侮《けいぶ》の念は蓄積されるからのう。なにかのきっかけで、こうした見せかけのフィリアは〝ネイコス〟neikos（険悪、憎しみの関係）に変容しようよのう。とはいえ親子であるからそのつながりが完全に途絶えるかはわからんが、健全な関係とはいかんぞ。

やはり、真のフィリアは、親も子も善なる人である場合のみといってよいだろうの。

アリストテレス　ありがとうございます。わたしもそのように考えます。

それでは、プラトン先生のご証言をもって本日の語るべきはすべて語ったことにいたしたく存じます。

【まとめ】～フィリアとネイコス

もしも美徳がなくなり、悪徳だけの世の中になったとする。どのような次第になるか。社会とは、結局は、人びとの結びつきの仕方によるのだ。

本文中では、フィリアとエロースにつき触れた。しかし古代ギリシャの人たちの〝愛〟についてのこまやかさは現代のわれわれの比ではない。

代表的なところでいうと、エロース、フィリア、ルダス、アガペー、プラグマ、フィラウティア、ストルゲー、マニアなどが挙げられる。最初の2つは既述である。他の6つは、ルダス＝遊戯趣味への愛、アガペー＝無償の愛、プラグマ＝永続的な愛、フィラウティア＝自己愛、ストルゲー＝家族愛、マニア＝熱狂偏執的な愛となろうか。うち、アガペー＝無償の愛が後世のキリスト教にて重要視されたことはよく知られている。

古代ギリシャの人びとは多様な言葉でさまざまな愛や愛着の形態をあらわした。アリストテレスの取りあげた〝フィリア〟はこのなかでもっとも平易に〝良好な人間関係〟を言い表す。イコール書きした他とあわせて表記すれば〝友人愛〟というところか。アリストテレスによると、この〝友人愛〟による繋がりは、〝便益〟(utility)、〝快楽〟(pleasure)、そして〝人となり〟(徳・アレテー)の3つに分けられる。

だが、真に良好な人間関係は、3つ目に挙げられた〝人となり〟によるもの、これによってしか得られない。結局、善き関係は、善き人たち相互のあいだにしか存在しないのだ。

なお、〝フィリア〟の対語として〝neikos〟（嫌悪、憎悪）というギリシャ語が登場することにここでとくに注目されたい。これは現代英語の〝hate〟（嫌悪、憎悪）と同義と捉えてよいだろう。

〝ヘイト〟（hate, hatred）という言葉は昨今の政治ニュースや解説で頻繁に耳にする。これが〝フィリア〟とは反対の人間関係を意味するならば、同じように、〝便益〟（utility）、〝快楽〟（pleasure）、そして〝人となり〟（徳・アレテー）の3つにより規定されると捉えてよいだろう。

どういうことかといえば、〝便益〟（utility）からくる険悪な関係とはおそらくは利害が相反する場合や相手側が役立たずで迷惑を被るか、そうした類似のケースが思い浮かぶ。また〝快楽〟（pleasure）の反対ならば、痛みや苦難を与える関係になろう。最後の〝人となり〟（徳・アレテー）では、劣悪醜悪な人間性の問題になろうか。

アリストテレス『政治学』に明瞭に語られるとおり、〝ヘイト〟や〝ネイコス〟は政治的な〝分断〟と同じ意味をもつ。〝違い〟や異なる階層への敵意糾弾、冷遇排除、圧力迫害、攻撃弾圧といったところだ。しかしそれらは延いては国を滅ぼすことをみた。

現代のわれわれの社会でもさほどに変わりがないと思われる。

本書の第4章にて広義と狭義の〝正義〟を、第5章にてそれら2つは〝道徳〟（アレテーやエートス）と〝公正〟〝公平衡平〟〝法律〟（justiceやfairness）とつながりがあることをみた。〝良好な関係〟（フィリア）とまではいかないにしても、社会のルールとして最低限の〝正義〟を欠かしてはならない。

なお、本書の以降ではとくに付記されることなく〝ネイコス〟（neikos）と〝ヘイト〟（hate）の双方が用いられている。同じ意味と解釈願いたい。

第７章

「人間」は正義なしに生きられるか？

【本章のポイント】

・「善」の対極にある「悪」について考察する。

・フランクルの名著『夜と霧』から、「正義」や「善」が消失してしまった社会でなにが起こったのか。「悪」に支配された世界、人間について考える。

・アウシュヴィッツでの出来事を通して、良識や良習を超えた「絶対善」が存在するのか否かを考える。

●純粋なる善、中庸の徳、悪徳、純粋なる悪について

第7章と第8章では、観念世界での「善」と「悪」について考える。

プラトン　どうじゃ、善と悪についての言葉はこんなところではないか。

・**善なること**
（純粋なる善・良識）好意、廉恥、和気、貞節、敬意、敬虔など
（中庸の徳・良習）勇敢、節制、寛厚、豪華、矜持、穏和、真実、親愛、機知、応報など

・悪なること

（悪徳・悪習）怯懦、無謀、無感覚、放埒、吝嗇、放漫、こまかい・貧相、派手・粗大、卑屈、傲慢、意気地なし、怒りっぽい、卑下、虚飾、愛想なし・嫌な人、機嫌取り・佞人、野暮、道化、不正搾取、不正利得など

（純粋なる悪・諫め・禁忌）悪意、破廉恥、嫉視、姦淫、窃盗、殺人など

プラトン　お前が申すところの純粋なる悪に対応するところの善の方面をつけ加えてみたわ。悪意、破廉恥、嫉視、姦淫、窃盗、殺人、これら劣悪なる言葉の反対語をあてはめた。嫉視（妬みの目で見ること）や、窃盗、殺人については直接的に対応する対義語がないが、その意味するところをわしが勘案するかたちでじゃ、やってみた。

嫉視に対しては、〝和気〟とした。和んだ気持ちをあらわす。

窃盗に対しては、〝敬意〟とした。人格を含めての、他の人の所有に与るものへの尊重じゃな。

殺人については、〝敬虔〟とした（親や神々など、善きもの敬うべきに対する忠誠心、深く敬って態度をつつしむさま）。神からの授かり物である命の大切さ、その尊厳へのリスペクトであるな。

よって、悪意、破廉恥、嫉視、姦淫、窃盗、殺人に対し、〝好意〟、〝廉恥〟（恥を知

ること）、〝和気〟、〝貞節〟、〝敬意〟、〝敬虔〟、というところじゃな。

これらをして、〝純粋なる善〟、つまり〝良識〟と定めた。対して、悪意、破廉恥、嫉視、姦淫、窃盗、殺人は、それら自体が劣悪な〝純粋なる悪〟じゃが、すなわち、〝諌め〟〝禁忌〟とあらわしてみた。

そして、お前の申すところの中庸の徳、これは習慣により獲得される善なるものであるわけじゃから、〝良習〟という言葉で括《くく》ってみた。

対して、カキア（悪徳）は、その逆じゃから、〝悪習〟となるな。

純粋なる善、つまり〝良識〟と、その反対の純粋なる悪、つまり〝諌め〟〝禁忌〟を対極にしてじゃな、それに挟まれるかたちで、〝良習〟と〝悪習〟を配置した。わかりやすいと思うがな。

そして、幾回かにわたり見てきたとおり、〝良習〟と〝悪習〟は、相互のバランスの関係により語りうる。お前の申すとおり、良習を〝中庸〟としてじゃ、その過小、過大は悪習、そのような関係にあるわけじゃ。

中庸を外せば、両端はどちらに傾いても悪徳じゃてのう。おのずと、美徳と悪徳は、1対2の比率となる。悪徳なる輩が数でも大きく上回ることになるのは必然といえるかのう。

アリストテレス　なるほど。正しき人は少なく、悪なる習性の人は数が多い。うなずけますな。

プラトン　あれじゃな、良識の部にも、良習の部にも、あるいは、悪習や禁忌にも細かく見ていけばまだほかにもあるかもしれんし微調整もあり得るかもしれん。しかしじゃ、それをやるのはここでのわれらの目的（テロス）ではないな。われらのそれは、あくまで正義と不正の全体像を書き表すことにあって、その輪郭さえきちんと描ければ足りる。輪郭が大事じゃよ。

われらの申すところの、魂の〝範型〟、あるいは〝倫理性のアレテー〟（徳）、あるいは、〝エートス〟（倫理的性状）、そして〝心の傾き〟じゃな。お前の申すところの〝自然法〟の真理ともいえる。言葉こそ違うが、総じて同じことじゃな。輪郭をいかに仕上げるかじゃ。

あのカントめの申すところに従い言い方を変えて申すと、理性の空間的な認識能力により得られた直観的な観念をじゃな、技術や経験の助けを借りることによってじゃ、他の人たちにも認識可能な〝カタチ〟として表現する。

カントめは忌々しいが、お前の手助けを借りてじゃ、わしは、このとおり、万人に理解可能な〝言語〟に落としこんでやったと思っておる。

まさしく、してやったりじゃ！

アリストテレス　よいですね。われらの申すところの倫理的な正義がだいぶ形になってまいりましたな。

まったくもって、歴然でもありますな。どういう部類の人たちに、善き、あるいは悪しき性質が見いだせるかでありますす。
交際するなら、良識と良習の素養をもった人たちですな。こういう人たちなら、また、自分もその仲間に入るに足る人物であるならば、それだけで十分に幸福といえます。
悪習の人たち、悪辣な人たちとは、まあ、できればかかわりたくはないですが、やむなくならば、それ相応になにか得るものがないと。功利（utility）か、快楽（pleasure）のいずれか、または両方でありましょう。
〝善なること〟と〝悪なること〟では、天界と冥界、天国と地獄の違いですな。麗しさとおぞましさを、大変にうまく表現なされていると存じます。

プラトン　まさしくそうであるぞ。ところで、前回のわしの思いつきは、われながらよきところをついた気がしよるわい。

アリストテレス　といわれますと。あれですかな。もしも、世の中が、善なき、正義なきものになったとするなら……ですな。

プラトン　そのとおり。

そこで、あれをさらに歩を進めてやってみたく思っておる。

アリストテレス　なるほど。して、どのようなことになりますかな。

プラトン　こういうのはどうじゃ。

世の中が、恥ずべき輩の、恥ずべき輩による、恥ずべき輩のためのものになる。権力とすべての暴力手段を手中にしたこれら恥ずべき輩は、なんでも思うがままに恥ずべき行為を実行に移す。

アリストテレス　なんだか、ものすごい話でありますな。

プラトン　そうであろう。

わしは、究極のなかには、究極の真理があらわれると考えるわけじゃ。考えうる最悪のなかに、人はなにを見いだすか。それを知りたい。

アリストテレス　それは、そのとおりでありましょう。それで、どのようになさろうと。

プラトン　そこじゃ。ヴィクトール・エミール・フランクルというユダヤ人精神科医がおってな。第2次世界大戦のさなかに強制収容所に送り込まれた。幸運にも、生き延びた。この男が収容所の体験を綴った手記を書いた。それがわしの手元にあるのじゃ。

アリストテレス　それは、大変に興味深いですな。まさしく究極であります。ぜひ、読み解いてまいりましょうぞ。

●不朽の名著『夜と霧』

ヴィクトール・E・フランクルについて

1905年にウィーンに生まれる。ウィーン大学医学部精神科教授、ウィーン市立病院神経科部長を兼任する。

ナチスによる1938年のドイツのオーストリア併合で、ユダヤ人がドイツ人を治療することが禁じられ、任を解かれた。1941年12月に結婚したが、その9カ月後に家族とともに強制収容所のテレージエンシュタットに収容され、父はここで死亡し、母とはここで離ればなれとなった。

37歳から40歳まで、ナチスドイツの4つの強制収容所で過ごした。プラハ北方のテレージエンシュタット、アウシュヴィッツ第2収容所ビルケナウ、ドイツ南部にあるダッハウ強制収容所の支所のカウフェリング第3、同じく支所のテュルクハイム。

テレージエンシュタット収容所では、医師として活動する余地があり、高齢の父をみとることができた。

1944年10月、フランクルは妻とアウシュヴィッツに移送された。アウシュヴィッツの停車場で男女別々にされて、以後、妻に会うことはなかった。

ドイツ南部に戦闘機工場を急いで作るために、フランクルはわずか数日でアウシュヴィッツからカウフェリング第3へ移送されて、凍てつく冬の工事現場ではたらかされた。そしてテュルクハイムで病んで春を迎えて、1945年4月にようやくアメリカ軍により解放された。

ナチス強制収容所での体験をもとに著した『夜と霧』は、日本語を含め17カ国語に翻訳され、終戦の翌年（1946年）の初版発行から80年近くにわたって読み継がれている。

極限的な体験を経て生き残った人であるが、ユーモアとウィットを愛する快活な人柄であった。

アリストテレス　なかなかに立派な経歴の男ですな。
プラトン　この男が、ある日、収容所送りになった。すべての所有、すべての自由を奪われた。
この男の自由になることは、唯ひとつ。精神のそれじゃ。
教授職や医者としての社会的な地位を剥ぎ取られた。愛する妻との新婚生活から一転して収容所へと送られた。財産は没収。収容所では、持ち物すべてに至るまで取り上げじゃ。それどころか、頭髪から体毛のすべてに至るまでを剃りあげられる。氏名もそれまでの人生でなにをしてきたかもそこではすべての意味を失う。代わりに与えられたのは、〝119104〟という、収容所での人員番号じゃ。

収容所で待っていたのは、労働力の搾取と餓えじゃよ。ユダヤという、1つの民族を地上から根絶するのが政策なんじゃからな。わりあい平穏であったテレージエンシュタット収容所での2年のあとに移送されたのが悪名高きあのアウシュヴィッツじゃ。ここでは、到着の早々からまずは最初の選別じゃ。輸送の列車が駅に到着してからすぐに整列させられた収容者は、品定めされる。ドイツ人将校らしき男が順に彼らを見てまわりながら、指先をわずかに右か左に動かす。左はそのままアウシュヴィッツに居残りじゃ。そのままガス室送りを意味する。フランクルを含めおよそ一割はそれを逃れ、他の収容施設に送られた。しかし待っていたのは、強制労働よのう。どうせ最後には殺すつもりじゃて、労働に耐えうると判断された者どもからは、その労働力の最後の一滴まで搾取しつくす、という所業よ。

アリストテレス　不正搾取もここまでいくと、わたしとしても言葉もございません。なにも罪のない、それまでは立派に人生を生きてきた人たちに対して、どうしてかような仕打ちがなされましょうか。

プラトン　そうよの。ボロひとつあてがわれたその者たちは、日々、収容所からは遠方の厳寒の作業場に送られ、危険きわまりない重労働を強いられた。事故で毎日のように死者がでたそうじゃ。1日の労働を終え収容所に戻る。寝床は、一段に、縦2メートル、横2・5メートルの木板を敷いただけのものが3段になっておるそうじゃ。その一段に、9名の男どもがぎゅうぎゅう詰めになって寝る。まるで蚕棚よのう。

1日に与えられる食事は、ちっぽけなパン1つに、水のようなスープだけとのことよ。おまけとして、日替わりで、20グラムのマーガリンだったり、粗悪なソーセージ一切れだったり、チーズのかけら、代用蜂蜜、水っぽいジャムがスプーンに1杯だったり、と。

どうせ最後には殺すわけであるからのう。生を維持するのにぎりぎりのカロリーのみ与え、生きているあいだは労働力を搾取する。死んだら死んだで手間が省ける。またこうしておけば、収容所のなかでの騒動や反乱を起こす体力も気力も生じないであろうしな。徹底したやり方よ。

アリストテレス　言葉もありませんな。人間は法の下にもっとも善く、法の束縛をはなれるともっとも悪い、とわたしも申しましたが、この場合、〝法〟がそれを命じたわけでありますからな。

プラトン　わしはのう、前述の枠組みの善と悪の両極に、どちらの側にもそれから外れてより善い、あるいは劣悪なるものが存在すると考えておる。

アリストテレス　はい、どのようなものにございますかな。

プラトン　そこよ。いうてみれば、究極の善と悪じゃ。

アリストテレス　この話をお聞きしますと、わたしとしても賛成せねばなりますまいかなと存じます。ぜひ、お聞かせ願えますでしょうか。

プラトン　それはのう、悪の話からすれば、人間として、人間に与えられた分をわきまえずに、自分自身をあらゆる種類の人間から超越した存在と思い込むことよ。神のみに許された所業を、自分にそれを実行する権利でもあるかのように、自然に対する自分の存在を誤謬することじゃ。

アリストテレス　アドルフ・ヒトラーにございますな。

プラトン　そうよ。この手の奴らは、たいがい当てはまる特徴としてじゃ、歴史に真実を見たとする。歴史の流れに沿うことは真実であり、この流れに沿うことが正義だとする。そして、われこそがこの正義の実行者であると語る。まるで自分が神にでもなったかのような物言いよのう。

アリストテレス　なるほど。では、先生は、この場合もそのようなこととお考えになられるのでございましょう。神は人間に試練を与えますが、人間が代わって、それも神の許しなしにそのような所業を実行するに至って、たしかにこれは単なる悪習や禁忌の部類を超越した神への冒涜でありますな。われらがゼウスに、あるいは後世のキリスト教の神、あるいはまたどのような世界観に照らし合わせましても、人間が人間を超えて絶対の存在になるなどあり得ませんからな。

歴史に学ぶは多なりとも、それをもって他の種類の人間を害する権利を与えるようなことがあっては絶対にならないわけであります。

プラトン　よう申した。よって、わしはこれを〝絶対悪〟と位置づけたいが。よいか。

アリストテレス　それはもうそのとおりでありましょう。〝絶対悪〟でありますな。

プラトン　そうか。ほかでもないお前がそのように申してくれると心強いぞ。ところで、このことはまたあとに詳しくやるとして、善の方面を考えてみたいのじゃ。

アリストテレス　と申しますと。

プラトン　このフランクルという医者じゃ。この男がこの究極の場にて見たと申すことにこそ、究極の善、つまり〝絶対善〟があると考えておる。あの忌々しいカントや、まあ、お前も含めてじゃが、大いに心外ながらいろいろ懐疑論もあるわしの申すところの善の形相、つまり〝イデア〟をこの男はたしかに見ておる。

このことを見てまいりたいのじゃ。

アリストテレス　これは、なにをおいてもお聞きせねばなりませぬな。

●『夜と霧』あらすじ

次の3部構成になる。

・第1段階　収容

・第2段階　収容所生活
・第3段階　収容所から解放されて

第1段階「収容」では、アウシュヴィッツに輸送されるさまから始まり、第1段階の選抜で1500名のほとんどが〝処理〟されたことを知ったこと、収容生活の始まりに際しての内面について綴られる。

・最初の選別

輸送された1500名は、貨車1台につき80人が詰め込まれた。この段階では、なんとか自分は助かるだろう、いわゆる〝恩赦妄想〟にすがったことが記される。

アウシュヴィッツに到着した移送者は、ここで最初の選別を受ける。

非情な選抜者の指のほんのわずかな左右への動きが移送者らの第1段階での運命を決める。左は、即刻の〝処理〟を意味する。

右とされた少数の一団にフランクルは含まれるも、その夜になり、選抜者の指の動く方向の意味を聞かされ、戦慄する。

巨大な焼却炉の煙突から立ち上る煙が一緒に移送されてきた人たちのうち左へと行かされた者たちの運命と知り愕然とする。

アウシュヴィッツから他の収容施設に送られることになる。そのアウシュヴィッツでの数日間は、収容人数200名ほどの収容棟に、他からの移送者を含む1100名ほどが詰め込まれた。全員が座るスペースはなく、むき出しの土間に寒さに震えながら、立っていたりうずくまり過ごす。そのあいだに与えられたのは、一切れのパン（約150グラム）だけだ。

やけくそのユーモアは、ある種のモルヒネの役割をもった。それを口にすることで、おかれた状況の悲惨さが幾分やわらぐ気持ちになる。

そのうちに、場に似つかわしくない感情があらわれるのを体験する。すべての自由、そして体毛に至るまでのすべての所有をはぎ取られた自分。その存在やおかれた状況を自分とは外側の位置から見ている、もうひとりの〝わたし〟がいた。この〝わたし〟は、あろうことか、自分自身やこれから起こるであろうことを好奇心をもって観察しているのだ。

第2段階「収容所生活」では、アウシュヴィッツから移送された先（バイエルン地方のダッハウ支所）の収容所にての過酷な生活のさまが赤裸々に語られる。

・感情の死滅

待っていたのは、権力と文字どおりの暴力である。ここでは、看守役のドイツ兵にくわえて、収容者のなかからとくに選抜された〝カポー〟と呼ばれる者たちが収容者の監督、監視にあたる。被収容者は、日々、彼らの気の向くままに嫌がらせを受け、すこしでも気に入らないことがあると、足蹴にされ、殴られ、鞭打たれた。

感情が死滅していくのに気づくのに、長くは要しない。周囲は、阿鼻叫喚のさまが日常茶飯事である。他人の不幸や苦しみに感情が動かされなくなる。

一刻前に言葉をかわしていた収容者がすぐ近くで息をひきとり、その死者の閉じていない目線が自分に向いていることに気づくも、平然と水のようなスープをすすっている自分を見る。

・不条理への憤怒

日課となった強制労働、周囲や自分に対する暴力の繰り返し、惨めな境遇と慢性的な飢餓、苦しみが日常化すると、肉体的な苦痛に対しても感情が麻痺してくる。

しかし自尊に対する暴力は辛かった。故もなく、殴られ足蹴にされる。暴力をふるう相手は、ニヤニヤとあざけり笑いをうかべいわれなく愚弄する。肉体の痛みより、不条理への憤怒に苦しんだ。

・性欲の喪失

肉体や精神の衰えが進行すると、性欲が失われることを知った。収容所では、この手の環境でありがちなホモセクシュアルな出来事に遭遇することがなかったのだ。

・被収容者に定着する非情

アウシュヴィッツから移送される列車は、故郷ウィーンを経由した。狭苦しい護送車には50人が詰め込まれ、鉄格子のはまった小さな窓がふたつあいている。

座れるのはわずかで、あとは何時間も立っていなければならなかった。たいていはのぞき窓に押しあいへしあいしていた。のぞき窓からみえるなつかしいふるさとの風景はなにか幽霊じみていた。幽霊になり、死者として幽霊じみたふるさとの街並みを見下ろしている気がした。

列車がなつかしいわが家のあるとおりにさしかかる。外に見にいっていた若い者たちに場所を譲ってくれるよう懇願した。

「そんなに長く住んでいたのか。だったらもうさんざん見たろう」

皆、風前の灯火のような命を長らえさせることのみの、この原始的な至上の関心事に役立たないことはどうでもよくしてしまったのだ。徹底した非情が定着していった。

・宗教・降霊術

神秘的なことへの関心は高まった。ささやかな礼拝や祈りが、やけにみずみずしく、深いものとして心をうった。

ほんのひと握りではあったが、もともと精神的な生活を営んでいた感受性の強い人たちが、その感じやすさとは裏腹に、収容所生活という困難に直面しながらも、精神にそれほどダメージを受けないことがままあった。彼らには、おぞましい現実世界から遠ざかり、精神の自由の国、豊かな内面へとたち戻る道がひらけていた。

繊細な人たちの方が、粗野な人たちよりも、収容所生活という過酷な現実によく耐えていたのだ。

・朝焼けに見た最愛の妻

その日は、朝早くから工事現場へと向かう行進をしていた。雪に足をとられ、氷に滑り、何キロもの道のりをやっとの思いで進んだ。

分厚い黒雲の向こうに朝焼けが始まった。明るく陽光が差し込むさまを見て、突如、これまでにないほどにいきいきと精神が活動を始めたのだ。

すべての自由をうばわれ、なにかをして自己実現する道をとざされ、できるのはただただ耐えがたい苦痛に耐えることだけという考えうるにもっとも悲惨な状況において、昇ってきた太陽に人間として究極にして最高を見た。

そのとき、最愛の妻の姿を見たのだ。さしこむ陽光よりも明るい微笑みでわたしを照らした。詩人が、思想家が、生涯をつうじてたどりついた真実、愛は人が人として到達できる究極にして最高であることを確信できた。

このとき、妻は精神的な存在となった。わたしのなかの「本質」になったのだ。妻の「現存」、その肉体、わたしとともにあること、あるいは生きていること、この瞬間、なぜかどうでもよかった。

精神の力をふりしぼり、最愛の人の姿を心にうつしだす力が人間には与えられている。この世にもはやなにも残されていなくとも、またほんのいっときにせよ、心の奥底で愛する人の面影に想いをこらせば、人は至福の境地になれるのだ。

・精神生活

つらい現実に目をそむけるため、過去へ逃避することも精神的な資質に恵まれた者には道がひらけていた。

心は、あこがれにのって過去へと赴く。

路面電車に乗る、うちに帰る、玄関の扉をあける、電話が鳴る、受話器をとる、部屋のあかりをつける。こまごまとしたことを、追想のなかで撫でさする。

悲哀に胸がはりさけ、涙があふれる。

・芸術や大自然

感性に触れるものに敏感になる。これは、しんそこの現実の恐怖すら忘れさせてくれる。それほどに、圧倒的なものであった。

わたしたちは、生に終止符を打たれた人間である。そのわたしたちが、アウシュヴィッツから収容所に移送中の護送車ののぞき窓から垣間見えるザルツブルクの山並みを見上げ、顔を輝かせ、うっとりとしていた。

秘密の地下軍事施設を建設していた先のバイエルンの森では、今まさに沈んでいく夕陽が、そびえる木立のあいだから射し込むさまの、まるで絵画のごときその美しさに息をのんだ。

ある夕べ、労働で死ぬほどに疲れ、スープ椀をかかえ、居住棟のむき出しの土間にへたりこむ。突然に仲間がとびこんできていう。

「とにかく点呼場にこい」

真っ赤な夕陽に照らされ、暗く燃え上がる雲。地平線いっぱいに、黒金色から血のように輝く赤まで。この世のものとは思えない、さまざまな色合いで幻想的に形をかえる雲を眺めた。

誰かがいった。

「世界はどうしてこんなに美しいんだ」

・魂の勝利
この苦しみにどんな意味があるのか。

何千回も繰り返し煩悶する。目前の惨めな死に最後の抵抗を試みる。

そしてあるとき、いちめんにひろがる灰色の世界を魂が突き破るのを感じた。惨めで無意味な世界のすべてを超え、突然、究極の意味を問う究極の問いかけに対して、ついにいずこから か勝利の歓声が聞こえてきた。

・精神の自由

たしかにほとんどの収容者は、過酷な現実に、感情を消滅させ、あるいは暴走させた。しかし、これらとは逆に、周囲はどうあれ、「わたし」を見失わなかった人は、少数ではあれ、たしかにいたのだ。

通りすがりに思いやりのある言葉をかけ、なけなしのパンを譲ってくれた人たち、そういう人たちからは、人間としての最後の自由、いってみれば、与えられた環境でいかにふるまうか、ということを奪うことはできない。

・ユーモア

苦悩とは、ある空間に注入された気体のようなもの。人間の心には、苦悩という気体が充満する。〝大小〟は、とことん関係ない。

ユーモアへの意思。ちょっとしたことも笑いにかえてみよう。ものごとを洒落のめす試みも魂には必要と思われる。

・運命

避けられない運命と、それが引き起こすあらゆる苦悩を甘受する流儀には、きわめて手厳しい状況でも、また人生最後の瞬間においても、生を意味深いものにする可能性が豊かに開かれている。

勇敢で、プライド（矜持）を保ち、無私の精神を持ちつづけたか。苦渋に満ちた運命、この己の真価を発揮する機会を生かしたか。あるいは、保身のための戦いのなかに人間性を忘れ、あの被収容者心理を地でいく群れのなかの一匹となりはてたか。

収容所にあっても、完全な内なる自由を表明し、苦悩があってこそ可能な価値の実現へと飛躍した人はたしかにいた。人間の内面は外的な運命よりも強靭であることが可能なのだ。

・暫定的存在

脆弱な人間とは、内的な拠り所をもたない人間だ。

収容所生活では、終わりが見えない暫定的な状態におかれる。処刑されるのか、解放されるのか、あるいはこのままの状態が永遠に続くのか。確定したものが見えない状況は苦しい。失業者の心理とも重なる部分がある。

時間の感覚に歪みが生じる。毎日が権力による嫌がらせと暴力に満ちている。

「収容所の一日は、一週間より長い」

未来を失った人間は、過去に退行する。おぞましい現実から目を背けるのだ。現実をまるごと無価値に貶める精神行為だ。しかし、こうした退嬰的な内面生活に溺れる人たちは、ついには節操を失い堕落していった。そこには、目的がないからだ。

収容所の外的な困難を内面にとっての試練として、人間的に成長した人たちが一方でいた。外面的には破綻し、死すらも避けられない状況にあってなお、人間としての崇高さに達した。ごくふつうのありようなら、彼らにしても可能ではなかったかもしれない崇高さに。

・永遠の相

なんとか未来の目的に意識を向ける。そこにしか生きる意味を見いだすことはできない。収容者のなかには本能的にこれができる人たちもいた。そうした人たちは、たいていなんらかの拠り所をもっていた。いうなれば〝永遠の相〟を見いだす。この収容所での体験を明晰な学問として問いただすのもひとつだ。
「苦悩という情動は、それについて明晰判明に表象したとたん、苦悩であることをやめる」（スピノザ著『エチカ』）
未来を失った人たちは、収容所内で破綻した。自己を放棄するのだ。その発作は前触れなく訪れる。糞尿にまみれて横たわりながら、しかし彼にはもうなにも恐れるものもなく、心をわ

図表7-1　永遠の相と同化したドイツ人医師

ヴィクトール・E・フランクル

・過酷な運命を受け入れ、より崇高な倫理的存在へと自己を昇華させたドイツ人医師がいた。

・永久の宇宙時間のうちのほんの一瞬にも満たない“わたし”の一生。それをどれほど善きものにするのか。

ずらわすすべての苦悩から解放されるのだ。

・生きる意味

「なぜ生きるかを知っている者は、どのように生きることにも耐える」（ニーチェ）

生きることになにを期待するかではなく、生きることがわたしたちになにを期待するか。この問いの前にわたしたちは立っている。

生きるとは、この問いに正しく答える義務、生きることが課す課題を果たす義務を引き受けることだ。

生きることが与える課題は、時々刻々、具体的な要請となってあらわれる。どんな状況も二度とは繰り返されない。それぞれの状況で異なる対応を迫られる。

あるときは、進んで運命を切り開くことを、あるときは人生を味わい深め真価を高めることを、またあるときは淡々と運命に甘んじることを。

そのとき「わたし」は、全宇宙に唯ひとつの存在として、永遠の時間のなかのほんの一瞬に過ぎない人生においてたったの一度だけ、「わたし」という存在に課せられた責務を果たせばよい。

だからこそ、まさに「わたし」は、それを、「やりつくす」（リルケ　詩人）

涙を恥じることはない。その涙は、苦しむ勇気をもっていることの証なのだから。

第3段階では、進攻してきたアメリカ軍により解放された収容者のさまが語られる。

・突如訪れた〝自由〟にそれをすぐには実感できず、しかし冬が終わり訪れた外の世界の春の自然に心を和ませる。

・猛烈にやってきた食欲をみたすために、食べに食べた収容者ら。

・権力と暴力の側にも善い人たちはいた。狂気のドイツ兵やカポーらの側にいながらも、自ら規律を保ち、収容者らに善意で接したドイツ人班長の引き渡しを拒否するユダヤ人収容者たち。

「髪の毛一本触れないことを約束しなければ、彼は渡さない」

友愛は、どちらの側にいたかではなく、とことんまでその個人の人間としての資質に帰することが述べられる。

●究極の状態でのエウ・プラッティン

プラトン　どうじゃ。

アリストテレス　いや、言葉もありませぬな。

プラトン　まあ、そう申すな。お前の考えが聞きとうてこの話をした。なにか申せ。

アリストテレス　そうですか。わかりました。しかしこの貴重なお話をわたしごときが繰り返しても意味がありませんから、哲学的な見地から気づきましたことを挙げましょう。

まずは、〝わたし〟という外的存在から分離した内的な自分をみつめていることでしょう。デカルトの〝我思惟する、ゆえに我あり〟でありますな。

この〝わたし〟には無限の可能性がある。愛するも、善く生きるも、あるいは自己放棄して狂うも、すべてはこの〝わたし〟のはたらきであります。

〝わたし〟は、空間と時間の感覚にて捉えられるようでありますな。カントの説の有力な実証的報告ともいえましょう。

その1つとして、〝苦悩〟を〝空間に充満する気体〟と捉えるのは興味深い。苦悩の大小はとことん関係ないと申しておりますから。物体の概念では彼は見ておりませんな。

一定量の〝苦悩〟という気体がひろがる〝わたし〟の心は、ささいなことも喜びと感じることができる。この誘因となるのが、陽光に照らされた山並みや夕焼け雲であったと申しておりますな。朝焼けのなかに彼は愛する人の〝本質〟を感じたと。夕焼け雲の美しさに、収容者らはこの世界の真の姿を見たともしております。明らかに、先生のイデア論につながりますな。

〝永遠の相〟と同化すること。大宇宙のなかに〝わたし〟は唯ひとつの存在であること。無限の時間のなかでは、〝わたし〟が存在するのは、ほんの一瞬に過ぎないこと。この一瞬を大宇宙のなかの唯一の存在として生きる機会を与えられた〝わたし〟は、〝生きること〟がなにを〝わたし〟に期待するかを考えるべきであること。

一瞬一瞬、時々刻々に〝生きること〟が〝わたし〟に向かって要請してくる多種多様な課題に対して、正しく答える、あるいは常にそうしようとする気概を蓄えておく義務があること。

プラトン　ここは、究極の状態でのお前の〝エウ・プラッティン〟（善く実践する）じゃな。

アリストテレス　はい、そのとおりにございますな。

そして最後に、真の友愛は善なる人たちにしか可能ではないことを申しております。ドイツ人の監視兵を守ったユダヤ人収容者らの行為には、アメリカ兵らもさぞ驚いたことでありましょう。

プラトン　そうよのう。この男は、われら哲学者が二千数百年のときを経て申してきたことをアウシュヴィッツに移送されてからのわずか半年ほどで〝わたし〟のなかでの実存の精神性へと昇華させおったわ。

アリストテレス　まさしくお言葉のとおりにございます。先生が〝絶対善〟の存在に言及されておりましたところ、わたしもそのように考えるところにございます。

プラトン　よう申した。それでこそ、わが学園の俊傑第一のアリストテレスじゃて。

アリストテレス　もったいないお言葉にございますな。良習や良識の領域の善をはるかに上回ったところに、永遠の相と同化した〝わたし〟が存在するのでありましょう。しかし、これに適切な名前をつけるのは、ちと、難儀しますかな。

プラトン　そうよのう。まあ、すでに十分に話すべきは話したことでもある。今回はこれくらいのところで満足いたすとはせぬか。

アリストテレス　わかりました。では、今回はここまでといたしましょう。

【まとめ】～〝崇高〟という善

究極の〝善〟とはなにか。

過酷な運命を受け入れ、より崇高な倫理的存在へと自己を昇華させたドイツ人医師がいた。

永久の宇宙時間のうちのほんの一瞬にも満たない〝わたし〟の生。それをどれほど善きものにするのか。

人間としての真価が問われるのだ。

第８章

「自由」は正義か？

【本章のポイント】
・前回に続き、絶対善の対極にある絶対悪について考察する。
・究極の「自由」を求めることは、「正義」との関係でどのような問題が生じるのか。
・ナチスが行った蛮行を通じて、20世紀の戦争の悲劇を生んだ思想的な背景について考える。キリスト教的世界観やドイツ観念論、ダーウィンの進化論との関係について考察する。

●「力」は正義か否か

プラトン　これでどうじゃな。

「力は正義か」問題

・〝正義〟とは、倫理性の問題である。対して、〝力〟（power）は、他への影響の行使の度合いをあらわす。倫理性を含有しない。
・〝権力者の利益＝正義〟この設定も同様に誤り。〝利益〟は、〝功利性〟（utility）の問題である。倫理の問題ではない。〝力〟も〝利益〟も、倫理性とは異なる類型に属する。
・これらを直接的な等式関係におくのは論理的な誤り。設定自体に無理がある。

アリストテレス　ご指摘は、まさしく異論の余地なしですな。

しかし、説得力がどうかといえば、今ひとつかもしれません。

プラトン　そうよ、さすがにアリストテレスじゃて。よういうた。

ここが倫理のむつかしいところよ。なにしろつかみどころがないのじゃ。

アリストテレス　はい、わたしもこの点にはずいぶんと悩まされました。倫理とは、そのもっとも純粋なところでは未熟な者や子どもにもわかる〝道徳〟であります。しかし、思慮分別が備わってくるにしたがい、それだけではものたりなくなる。ものたりないと申しますのは、倫理の特性として、そこにさまざまな価値を吸収してよりひろがりのあるものにできることに気づくわけであります。

〝揺曳《ようえい》〟という言葉が適切ですかな。

揺曳

・響きなどがあとに長く尾をひくこと。

・また、雰囲気や感情などがあとまで長く残ること。

プラトン　まさしく、そこよ。〝力〟も〝利益〟も、それらはあればあるでそれにこしたことはない。それどころか、これらを人生の最大の目的にする者どももおる。それをもつことは、善きことには違いがないわけじゃ。

すると、倫理はこれらを取り込んで自分の所在の範囲を拡充させおる。〝力〟も〝利益〟も、倫理の外枠の縁《へり》の部分に含まれるかもしれんし、そうでないかもしれん。ゆえに、われらは常に倫理に含まれるところのじゃ、この曖昧さを相手にせねばならぬ。

アリストテレス　長短ありますな。1つには、素朴な道徳ではつかまえるのが難しい人間の複雑な性状を倫理の枠にはめこむことが可能になる。一方で、その曖昧さがもたらす潜在的な倫理の混乱にありますな。

プラトン　うむ。そのとおりじゃの。

ソクラテス先生とわしは、魂の〝範型〟という概念でそれを行った。〝ペートス〟（あるいはパトス）、つまり欲望じゃな、これと〝理性〟、つまり純粋な倫理性、これら2つのあいだには緊張関係があるわけじゃ。理性の側にてはたらく機能としての〝気概〟、要は、この善し悪しじゃ。

気概にじゃ、純粋な倫理性に従う広い意味での善き人間性を取り込んだのよ。

アリストテレス　それは、もう、よく承知しております。わたしは、そこに〝習慣〟という概念を吹き込ませていただきました。習慣とは、いったんその習性が身につきますと、人は、〝ディオティィ〟（dioti 所以・理由）を必要としなくなります。人生のさまざまな場面に直面いたしますと、最初はどのような次第で行為すべきかを考えます。さまざまに工夫をこらして最善と思われる行為を選択いたします。

この際に活躍するのが、〝ディオティ〟（所以・理由）であります。人間に与えられた5つの種類の知性のうち、とくに〝フロネーシス〟（知慮）がはたらいて問題の解決を行おうといたします。

しかし幾回か似た状況での対応をいたしますと、その対応それ自体が記憶として定着いたします。すると、生来が怠け者にできているのでありましょうか、人間というものは。それ以上は考えなくなります。つまり、この過去の行為の記憶が習慣として蓄積されていきます。倫理的な問題についての習慣の蓄積を〝エートス〟（倫理的性状）と申しますところ、この言葉は〝出発点〟という意味ももつそうであります。つまり、倫理的な行為の習慣の集合体であるエートスは、その人の倫理的な行為のまさしく〝出発点〟のはたらきを行うことにあいなります。

プラトン　そうよ。このお前の貢献は甚大なものといえよう。まさしく多くの揺曳を含む人間の行為を丹念に仕分けして、そしてそればかりでなく、倫理性のアレテー（徳）とは、悪徳と悪徳とのあいだに存在する〝中庸性〟にあることまでを明らかにした。幾万の哲学者がいたとしても、お前に優る者はおりはせんぞ。わが学園の誉れじゃよ。

アリストテレス　身に余るお言葉に存じます。しかし、先生の薫陶を賜ってこそのわたしであります。若い頃から両先生の巨大な存在に押しつぶされそうになりながらも、アカデメイアでの長きにわたり必死にもがいてきただけにあります。

プラトン　よう申した。さらにいうならば、われらギリシャの伝統であるな。クレタの時代かられわれらまでの2000年の歴史じゃ。

アリストテレス　まことに。吟遊詩人らが語り継いでくれた叙事詩や叙情詩にわれらも人間を知るさまざまなヒントを得ているわけであります。後世のドイツ人哲学者のヘーゲルも申しておりますところ、〝ギリシャ人において人類ははじめて自由を知った〟と。

プラトン　そうよのう。自由があってこその人間の善さも悪さも2000年にわたるわれらギリシャのいい伝えには溢れかえっておる。王女エウロペがクレタにわたり、地中海の西の島嶼や沿岸地域がヨーロッパと呼ばれるようになった。ミノスが、クレタを中心に小アジアからエーゲの沿岸を併合した海洋帝国を築いた。

しかしギリシャ本土には、ミケーネが興る。クレタに代わり、ギリシャの支配権を手中にしたのう。アテナイのテーセウスが活躍したそうじゃ。

アガメムノンがトロイアに攻めいったのう。女たらしのパリスがアガメムノンの弟メネラオスの妃ヘレネーを寝取ったからじゃ。この戦争は10年に及んだ。アガメムノン以下のギリシャ勢はこのあいだずっと敵地に駐留じゃ。アガメムノンがアキレウスの側女を総大将の権威をかさに横取りしたもんじゃから、怒ったアキレウスが戦列を離れてしもうたわ。しかし親友パトロクロスをヘクトールに殺され、アキレウスが復讐する。息子ヘクトールをアキレウスに殺され、その亡骸の引き渡しを求めに敵陣地に忍んで入り、アキレウスに懇願するさまは感動的じゃ。父がわが子を思う心に、国の違いも、敵味方のそれもあろうか。激情勇猛の男アキレウスがこのときばかりは涙したという。

まあ、最後には、知将オデュッセウスのトロイの木馬作戦によりトロイアもついに落城じゃがのう。プリアモスもアキレウスもこのときに死んだ。しかし話はまだ続くぞ。このオデュッセウスが故郷イタケーに帰国の途についたはよいが、神々のいたずらから、地中海のさまざまな地をさらに10年にわたり漂流じゃ。やっとのことで帰国を果たしたところ、領地や財産を狙う者どもとの決戦よ。

お前にかような話をする必要もないのはようわかっておるが、もうすこしばかり聞いておくれ。

その後のギリシャでは、北からドーリス民族が入り込んできたわ。ペロポネソスのスパルタを拠点に軍政国家を作り上げた。全ギリシャに号令をかけるようになる。治安は回復したがのう。そこでわれらギリシャの先祖らは地中海や黒海沿岸に次々と植民市を設ける。カエルの繁殖のようじゃわ。ポンポンポンとな。

しかし繁栄は、混乱とは表裏の関係にある。ギリシャ内では、各地で独裁者が誕生した。拡大した貧富の格差を背景にしてじゃ、貧民・民衆の味方とばかり、国政を乗っ取りおったわ。実権を手中にしたあとは、トラシュマコスの申すとおりじゃ。正義とは権力者の利益とばかりの政治を行った。

外に目を移せば、そこには、台頭著しいわれらギリシャを目のうえのたんこぶとばかりに潰しにはいる東方からの脅威に直面したわい。なかでも、ペルシア帝国の侵攻時にはわれらがアテナイも灰と化した。

灰と化したアテナイには、代わりに強固な意志が生まれたわけじゃ。自由を、祖国を守る。この正義のために、皆が命をかける、となった。

ちょうどその頃のアテナイは、独裁者ペイシストラトス一門を追放して、民主制の国政を手に入れたばかりじゃ。自由を、祖国を、民主制を守る。これだけの大義名分とそこに生死をかける固い決意をもつ人間たちの国を打ち破ることは、いかなる力によっても不可能じゃ。ペルシアの大群は、サラミス海戦とそれに続くプラタイアでの陸の決戦に敗れ、総崩れしたものよ。

しかし繁栄のアテナイもそう長くは続かんかった。スパルタとの泥沼の内戦じゃ。アテナイは、おそらくは勝利するはずであった。ペリクレースの指揮の下ならばのう。それが歴史の面白いところじゃな。徳も識見も並ぶ者なしと自他ともに認めたこの男が、ペロポネソス戦争の開戦のすぐあとに、突然にアテナイを見舞った伝染性の疾病で他界した。残されたのは衆愚の典型よのう。この30年近くに及んだ戦争に敗れたアテナイは、二度とかつての栄光を取り戻すことはなかったわ。

わしは、このペロポネソス戦争が始まってすぐの前427年に生まれた。ソクラテス先生は前470年頃の生まれとされるから、わしとは43の年齢のひらきがある。ちょうどわしとお前の歳の差と同じであるな。ソクラテス先生は、ペリクレース時代のアテナイ全盛期に若きを生き、泥沼のペロポネソス戦争の時代にわれらに指導をくださった。わしは、ペロポネソスの敗北と、腐敗した落日のアテナイの民主制を見て育った。ソクラテス先生が不当な裁判で死罪を宣告されるさまを見た。逃亡しようと思えばできたにもかかわらず、ソクラテス先生の魂の〝範型〟がそれをついによしとしなかったさまを間近に見た。戦後世代のお前に、わしはそれらを伝えてきたつもりじゃ。

長くなったがのう、われらが哲学は、人類のうちではじめて自由を知ったわれらギリシャ民族が2000年のその血をもって結実させたものじゃ。この誇りをよもや忘れるでないぞ。

アリストテレス　プラトン先生、お話、まことに心の奥底にまで響きわたります。

プラトン　うむ。では、われらが生んだ哲学の作品ともいえるものを、この誇りをもって、21世紀の者どもにもう一度見せようではないか。

・善なること
(純粋なる善・良識) 好意、廉恥、和気、貞節、敬意、敬虔
(中庸の徳・良習) 勇敢、節制、寛厚、豪華、矜持、穏和、真実、親愛、機知、応報

・悪なること
(悪徳・悪習) 怯懦、無謀、無感覚、放埒、吝嗇、放漫、こまかい・みすぼらしい、派手・粗大、卑屈、傲慢、意気地なし、怒りっぽい、卑下、虚飾、愛想なし・嫌な人、機嫌取り・佞人、野暮、道化、不正搾取、不正利得
(純粋なる悪・諫め・禁忌) 悪意、破廉恥、嫉視、姦淫、窃盗、殺人

さて本題に入る。

民族の歴史から人びとがいかにすれば善く生きられるのかを問うことをした人たちがいた一方で、民族の純血性を維持するために他民族を寄生虫と呼び駆除することが正義と説いた人たちもいた。

これを考えてみたい。

●絶対悪について

プラトン　前回から持ち越しの〝絶対悪〟をやることにするかのう。

アリストテレス　そうでありますな。ヒトラーですな。

プラトン　そうじゃ。この男を理解するのはなかなかに難儀じゃて。それというのもじゃ、この男はどうも自分の財布を肥やすために悪をはたらいたのではなさそうだからじゃ。

アリストテレス　そのようにありますな。

プラトン　うむ、そうじゃ。権力を私的な利益にかえる腐敗の輩はそこいらにうじゃうじゃおるがのう。ヒトラーはちと違う。この男は、自分がなにかの崇高な使命をまっとうする立場にあると本気で考えておる。そこらの小悪人どもとは、そこが、根本的に違いおるわい。

アリストテレス　カリスマであるのは間違いのないところでありましょう。崇高な使命とは、どのようなものとお考えになりますか。

プラトン　そこよ。われらは、歴史に人びとの生き方や喜怒哀楽、徳や正義、善と悪、称賛や尊敬の念、あるいは偽善や憎しみの念、忌避されること、そうしたものを探したわけじゃ。神々は、絶対的な真理をわれらに与えたのではなかった。ときにはいたずら心や嫉妬、あるいは神々のあいだでの諍《いさか》いに起因することもようあったがのう、つまり、そうした〝生きる〟ということに含まれるところの、いや、わしはそれがむしろ本質に思えるがのう、その曖昧さ、揺曳じゃな。これを詩吟や音曲を通じておかしみ愉しみ味わう。いうてみれば、〝雅《みやび》〟の文化を醸成してきたわ。

ところが、あの男が誕生した背景の文化圏では、これとは反対じゃ、曖昧さや揺曳というものを退廃として退ける風潮がある気がするわい。純粋志向、完全主義とでもするかじゃな。

アリストテレス　これはまたプラトン先生からそのようなお言葉を聞きますとは、まことに皮肉でありますな。先生こそが、まさしくその純粋主義、イデア論を唱えたお方にあります。万人が承知のとおり、先生こそがまさしくあの男の文化背景であるキリスト教の神学の土台ではございませんか。

プラトン　まあそう申すな。お前も申すとおり、物事にはさじ加減というか、塩梅《あんばい》というのがある。わしは、わしの生きたギリシャの、それも雅の最たるアテナイの生まれじゃよ。八百万《やおよろず》の神々が、それもさまざまに人間的な気質や情をたずさえた神々がじゃ、エーゲの美しい海岸や島嶼のあちらこちらでわれら人間と共生しておる世界じゃ。揺曳という曖昧さが雅なおかしみを意味するなかでの話じゃ。唯ひとりの絶対神の存在を前提にするキリスト教の世界観は違うぞ。白か黒かはっきりせんとならぬ。絶対の存在に対しての帰依かあるいはそうでないかとの具合じゃ。

アリストテレス　そのようにございますな。キリスト教でもカソリックはまだその点は緩さが残るというか優しい感がございますが、分派したプロテスタントはかなり厳しい性質にわたしにも思えます。

プラトン　そうよ、そこよ。なにしろ、カソリックが腐敗したと糾弾したのが始まりであるしな。

アリストテレス　ルターでありますな。同じプロテスタントでも、イギリスやオランダのそれと、北方ドイツでは差異もあろうかとは思いますが、先生のご指摘のとおり、プロイセンと呼ばれた北方ドイツの地域はたしかにその傾向にありますかな。カント、ヘーゲル、マルクスらもその由来を同じくいたします。皆、白黒派の純粋型思考の論客であります。完全主義というのもそうお聞きしますと、そのようであります。

プラトン　そうであろう。それがわしの見立てじゃよ。

アリストテレス　わかりました。それで、先生は、それが歴史をどのように見るかの仕方に違いを生じさせるというわけでありますな。

プラトン　そうよ、そこよ。かの者どもの特徴としてじゃ、歴史に神の意思を重ねあわせおる。われらがギリシャの雅の世界観においては、申したように、神々は歴史の登場人物であり、参加者じゃ。対して、かの宗教は、神が7日で世界を創ったとする。さまざまな歴史上の出来事は、この神が与えたもうた祝福であり試練と解釈されるわ。この世界観が定着しておる者どもの歴史観であるからな。いにしえの聖書に記される出来事に留まることなく、その後の史実の解釈にあってもその仕方になろうぞ。精神的な土壌がそうなんじゃよ。

アリストテレス　わかりました。そのように考えるといたしまして、先生は、ヒトラーとの関係でこのお話をどのように結びつけるおつもりにありましょうか。ぜひお聞きしたいものでありますな。

プラトン　お前は、ダーウィンを知っておるか。

アリストテレス　それは、存じていると申せましょう。なにしろ、わたしの生物学の世界観をあの男がひっくり返したようなものでありますから。

プラトン　おう、そうであったな。そのダーウィンよ。お前は、人間を含めて、現存の対象の観察にかけては史上並ぶ者がないが、その発祥がどうであったかまでは論述しておらんからな。

まあ、よい、聞け。お前もよく承知のとおり、この男は〝進化〟という切り口から生物の種のありようを説いた。

そしてここが味噌じゃ。進化をもたらすその原動力はさまざまな種のあいだの〝生存競争〟にあるとしたわけじゃ。

種の自然選択

ダーウィンは、英国海軍の測量船ビーグル号の世界一周航海（１８３１～36）に参加し、途中立ち寄ったガラパゴス諸島（エクアドル）で、ゾウガメの甲羅のかたちが島ごとに異なることなどを発見し、進化論の着想を得た。

進化は下等なものから高等なものへといった直線的な変化ではなく、共通の祖先から系統が枝分かれして多様な生物を生む歴史であるとの考えを示し、さまざまな証拠をあげて進化が事実であることを論証した。

20世紀前半には社会進化論の影響も受け、生物の行動や形質は、群れや種の繁栄のために最適化されているという考え方が主流となった。

アリストテレス　われらの時代には、そこまでの発想はありませんでした。わたしも現象として存在するものをいかに的確に理解しそこからなにを見いだすかが課題でありました。自然哲学から、論理学、修辞学、人間学（倫理学・政治学）と幅広くやりましたがな。

プラトン　そうであるな。お前の業績は他の追随を許さんわい。

話を戻すとじゃ、このダーウィンの説はキリスト教聖書の考え方をひっくり返した。それはセンセーショナルなことであった。ダーウィンがその説を発表したのは19世紀後半であるから、その後の人びとの考え方に大きな影響を与えた。

アリストテレス　そうでありますな。その頃の世界は、ヨーロッパ列強による帝国主義の大きなうねりにのみ込まれた時期と重なります。こぞって富国強兵政策により、海外植民地の獲得競争でした。

プラトン　そこよ。ダーウィンの説は奴らの政策を正義づけるのにうってつけじゃ。なにしろ、弱肉強食の世界での強者生存が自然選択の摂理だというわけでな。つまり、ダーウィンの説を人間社会にあてはめれば、力による植民地支配は正当化される。

アリストテレス　ネオ・ダーウィニズムですな。

プラトン　そうじゃ。

アリストテレス　ヒトラーが自然選択や生存競争の原理を彼の政治理念に取り入れたということを仰りたいわけですかな。

プラトン　そうよ。あの男は自らの政治理念を著書の冒頭にそのように記しておるわ。

●ドイツ帝国の隆盛と瓦解

アドルフ・ヒトラー著『続・わが闘争』（角川文庫）より

「政治とは、生成中の歴史である。歴史とは、それ自体、民族の生存闘争の過程を表したものである」

プラトン　あの男は、オーストリアの生まれで、カソリックの神父になることを志した時期もあった。しかし奴は故郷を退廃の都と呼んで国籍を離脱しておるくらいじゃ。反対に、あまたの小ぶりな領邦国家に分かれ互いにあい争っておったゲルマン系民族を束ね、プロイセン主導のドイツ帝国を築いた宰相ビスマルクを信望しておる。大ドイツ帝国に奴自身の野望を重ねあわせていったのじゃ。

アリストテレス　しかしそのドイツ帝国は、第1次世界大戦にて崩壊いたしましたな。

プラトン　そのとおりじゃ。この大戦に奴も若い一兵卒として従軍しておった。生き延びたが、ドイツ帝国滅亡後のドイツは惨憺たるものよ。政権は左翼勢力に奪われ、戦勝国側にはヴェルサイユ条約という無理難題をおしつけられた。民族愛にとりつかれたこの男の憤りはさぞかしであったろう。

アリストテレス　なるほど。では、ヒトラーは大ドイツ帝国の再興を志したわけでありますな。ビスマルクに代わり、今度は俺がそれをやると。

プラトン　そうじゃよ。プロイセン王が皇帝であった帝国に比べ、大戦後に誕生したヴァイマル共和国は民主憲法を有しておる。政党政治の時代に突入じゃ。ヒトラーもここに奴の野望を見いだした。民族社会主義じゃ。ゲルマンの純血性により団結する全体主義思想といえる。

アリストテレス　なるほど。敗戦国の憂き目に苦しむ国民にはアピールしそうなメッセージに見受けられます。

プラトン　そうよ。奴は、ドイツが戦場で負けたとは考えておらんよ。ビスマルクが退位した１８９０年以降に国政を引き継いだ者どもの無能にその責任があるとする。ビスマルクは、イギリスに代表する海外植民地の獲得競争で先行する西側諸国を刺激しないよう、植民地政策は控えておった。しかしビスマルク退位後、あきらかな政策変更がなされた。イギリスに追いつけ追いこせじゃ。イギリスがこれを見過ごすはずはない。ビスマルクに手痛い敗北を喫した隣国フランスも報復の機会を狙っていた。フランスからすればお隣ドイツの膨張は自らの不幸を招くだけじゃからのう。このような勢力均衡の外交政策のイロハもわからん者どもが、いたずらに国威発揚を地でいった。イギリスとフランスの両大国を同時に敵にまわす結果になった。

アリストテレス　たしかにうまくありませんな。ドイツは、西に、イギリス、フランス、東にロシア、南にオーストリア、イタリアと、地政学的には決して恵まれておりませんから。イギリスのような島嶼の国やフランス、オランダ、イタリア、スペインなどのように大西洋や地中海に面してもおりません。外交政策こそが生き残りの基本に思えますが。

プラトン　そうなんじゃ。ゲルマン民族が長くあまたの領邦国家に分かれていたのもそのような理由がある。周囲を大国に囲まれておるからのう、ゲルマンを1つにまとめようとする勢力が伸長すれば、それでは困る周囲の大国が他方に肩入れする。

アリストテレス　しかし、ビスマルクがそれを可能にした。天才的な外交の才をもって、互いに異なる利益をもつ周囲の国々のあいだで協定を結んでいった。イギリスと手を組みフランスをおさえ、フランスに脅威をいだくイタリアとも組み、オーストリアに敵意をもつスラブ諸国やロシアとあわせて東方の安全を期す。そんなところですかな。

プラトン　まさしくそうよ。外交のたすき掛けよ。ビスマルクの天才がなせる技じゃて。ローマカソリック教会が絶対的な力をもっていた中世の時代には、その権威に与ったオーストリアのハプスブルク家を盟主に神聖ローマ帝国としてゲルマンの同盟関係を維持しておったが、教会の力に陰りが見えると、ゲルマン領邦の国々が分裂してカソリックとプロテスタントに分かれての宗教戦争となった。周囲の大国はこれに介入してゲルマンの大同団結ができないようにするわのう。そうこうしているうちに、フリードリヒ大王の北方ドイツ、つまりプロイセンと、ハプスブルクの南方ドイツ、つまりオーストリアじゃな、この2つがかたやプロテスタント、かたやカソリックの領邦集団の盟主になっていったわけじゃ。結果、プロイセンがハプスブルクをしのぐわけじゃが、ビスマルクの登場まではゲルマンの民族の統一はなかった。

アリストテレス　そのビスマルクの帝国にしても、複雑怪奇なヨーロッパ内の外交関係のバランスのうえにできあがっていることを、ビスマルク以降の愚昧な政治指導者にはわからなかった、あるいはわかっていても実行手腕に欠けていた。そういうわけですか。

プラトン　そのように、あの男は申しておるわ。ビスマルク路線を忘れて、いたずらな海外植民地の競争に乗り出した結果、イギリスを怒らせてフランスと組ませてしまった。ドイツ懲罰の同盟よ。

アリストテレス　西方がそうであれば、東方の同盟を強化せねばなりませんな。ロシアとの関係はどうなったのでしょうか。

プラトン　そこが、当時の政治指導者らの愚昧さを端的にあらわすと申しておるわ。ポイントは、かつての神聖ローマの盟主にして宗主国のハプスブルクのオーストリア＝ハンガリーよ。東にスラブ諸国との問題をかかえておる。衰退したとはいえ、かつてのゲルマン民族の盟主じゃ。東のスラブ諸国からすると、世界大戦を契機にこの老大国が解体されれば助かる。スラブの盟主はロシアじゃ。スラブ諸国の側に立つ。当時のドイツ帝国は、オーストリア＝ハンガリーとイタリアとのあいだに三国同盟を結んでおったが、これでは西にイギリス、フランス、東にロシアとスラブ諸国に東西からの挟み撃ちじゃ。

アリストテレス　オーストリアを捨て、自国を守るべきだったわけですな。ドイツ帝国としては。

プラトン　そうよ。賢明な政治頭脳ならばそうしたよのう。しかし律儀にも、かつての宗主国を守るかたちになった。どう理解すればよいかのう。現代でいえば、イギリスの苦境に際して、はたして自国の利益は見いだせない、かつ負けることが明白な戦いで、アメリカがイギリスを守るかのう。極東日本の戦国時代に、京都にいる室町将軍と運命をともにする戦国大名がどれだけいるかのう。いずれにしてもじゃ、当時のドイツ帝国は三国同盟に留まった。

アリストテレス　そうなると、イタリアはたまりませんな。ゲルマン系の他の2つの国に義理立てしては自らの滅亡を招きます。

プラトン　だから、イタリアは同盟から抜けた。結果、ドイツは、その東西とさらには南にも敵をもつかたちじゃよ。圧倒的な不利であるな。

アリストテレス　ドイツは、古豪オスマン・トルコと結ぶ。古代から、オリエント世界は東方ヨーロッパとは緊張関係にありますから。

プラトン　そのとおりではあるが、なにせ大航海時代以降の伸長著しいイギリス、フランスとは勢いが違うでのう。劣勢は歴然じゃった。

アリストテレス　しかし、意外にもドイツは強かった。そうでありますな。

プラトン　そのとおり、ヒンデンブルクの指揮下で東方ロシアを打ち負かす。大喝采であったとなアリストテレス　アメリカの参戦までは戦況はわからなかった。しかしこれで一変した。

プラトン　それもそのとおりじゃが、ここからが本論ぞ。

あの男によれば、ドイツの敗戦は、後方でドイツの弱体化と、アメリカの参戦を画策したユダヤ民族の陰謀に起因するとのことよ。戦場ではドイツは決して負けていなかったと。

〝背後の匕首《あいくち》〟により、戦争の続行を不可能にされた、という説じゃ。

●ドイツ国家社会主義（ナチズム）の台頭

「ドイツ軍は、国内戦線で社会主義者に裏切られたが、戦場で敗れたのではなかった」（背後の一突き説）

20世紀初頭のドイツは、革命により帝政ドイツが倒れ、第1次世界大戦で敗れた。戦争による市民生活の悪化は、当初は、左派の影響力を拡大させた。ドイツ国内では、左派勢力により、戦争末期に帝政ドイツの体制が倒れる。パリ講和会議により連合国側との休戦が決められた。

他方、連合国側は、戦争の責任はもっぱらドイツとその同盟国にあると断定する。ヴェルサイユ条約が結ばれた。軍備の制限、領土の削減、そして連合国側の管理機関がドイツ領内に設置される。ドイツを苦しめることになる高額の賠償が課せられた。ドイツ国民には、屈辱的な内容だ。

左派連合による政権が誕生し、民主的といわれるヴァイマル憲法が成立した。しかし、敗戦条約を批准したヴァイマル政府へは、その発足の当初から国民の反感の目が向けられた。

この頃、国民議会では敗戦の責任を究明する調査委員会が開かれており、多くの証言者が喚問されていた。

東部方面の司令官として、ロシアとの戦いで勝利を得て、国民に軍神と崇められていたヒンデンブルクが証言する。

彼は「帝国は、背後から、匕首（ドイツ革命）で刺された」と発言した。

左翼勢力が反戦運動や革命運動で国民を扇動した。挙国一致体制が崩れ、戦争続行が不可能になってしまった。そういう主張である。

戦後のインフレと不況は国民生活の困窮と混乱を招き、左派勢力によるストライキや暴動が頻発した。左派勢力は、互いに争い、政局の混乱を増幅させた。左派勢力の分裂とそれがもたらした混乱は、ドイツを右傾化させる。

多くの右派団体・政党をうみだす。そのなかの1つに、わずか数名で旗揚げした「国家（国民）社会主義ドイツ労働者党」があった。〝ナチス〟である。彼らは、左翼勢力への攻撃と、反ユダヤ主義を絡ませて国民の支持を得ていった。

ドイツ革命を起こした革命家や革命後実権を握ったヴァイマル共和国派を「犯罪者」と呼んで罵倒した。著名な社会主義者にはユダヤ人がいた。レフ・トロツキーやローザ・ルクセンブルク、クルト・アイスナーなどである。ナチスは、シオニストらが革命と敗戦を策動したとする。

バルフォア宣言
イギリス政府が、ユダヤ人シオニスト支持を表明したもの。イギリス勝利への助力と引き換えに、イギリス領となったパレスチナの地にユダヤ人居住地(国家)の建設を約束したとされる。

ドイツのシオニストらがイギリスとの盟約により国を売った、革命を仕掛け、さらには、ユダヤ系資本の傘下にある新聞等の力を用いてアメリカ参戦の世論を形成した、とする。

国民の左翼勢力への反感に加え、ユダヤ陰謀論を展開し、ドイツ民族の尊厳とその結集を訴えたナチス党は、熱狂的な支持を集める。

1933年、ナチスはアドルフ・ヒトラーを首相に政権を握るに至る。

〈参考〉シオニズム

19世紀末、ヨーロッパで始まったユダヤ人国家建設を目指す思想および運動。シオンは聖地エルサレム南東にある丘の名。ユダヤ人がその地を追放されて離散の歴史をたどるという『旧約聖書』の記述中の「シオンの地」は、宗教的迫害を味わってきたヨーロッパのユダヤ教徒にとって解放への希求とあわさって象徴的意味をもっていた。（中略）第1次世界大戦中の1917年、パレスチナにおけるユダヤ人の郷土建設に対する保障（バルフォア宣言）をイギリスから引き出したシオニズムは、パレスチナがイギリス委任統治領となる1920年以降、ユダヤ人入植を推進した。30年代、ナチズムのユダヤ人虐殺は入植に拍車をかけ、一方、現地パレスチナでは、シオニスト機関によって、非ユダヤ教徒アラブ住民に対する土地没収や労働機会の締め出しが推し進められ、シオニズム勢力とアラブとの対立はイギリス委任統治を動揺させるほど激化した。

1940年代に入りシオニズムは、アメリカの支援をよりどころに、ユダヤ人国家承認に向けて国際的根回しを図り、47年、イギリス委任統治終了後のパレスチナにユダヤ人、パレスチナ人双方に主権を与えるという国連パレスチナ分割決議を手にした。48年5月15日、イギリス委任統治終了の翌日にイスラエル国家が樹立され、シオニズムは目的を達成した。（後略）

（出典 日本大百科全書）

図表8-1　“民族の生存闘争”という観念論がもたらした史上最悪の狂気

アドルフ・ヒトラー

生存闘争になぞらえた史上最悪のホロコースト。
その根底にあるのは、狂気に取り憑かれた民族意識からくる自己の正当化だ。

●ヒトラーの政治哲学——ドイツ観念論の影響

アリストテレス　このときには、極東での日露戦争に敗れ弱体化した帝政ロシアが倒れ、ボリシェヴィキによるソビエト革命もありました。国家間の競争だけでなく、社会内部での変革エネルギーに満ちておりました。そういう時代でしたなあ。

プラトン　そうよのう。われらの時代のトロイア戦争や、ペルシア戦争、ペロポネソス戦争も複雑怪奇じゃった。幾千年、人間のやることにあまり変わりはないよのう。

アリストテレス　しかし先生は、このヒトラーという男になにかの特殊性をお感じになるわけでありましょう。

プラトン　そうよ、さすがアリストテレス。わしが思うに、この男の観念の世界で作り上げた政治観じゃ。それをもって文字どおりに突っ走りおった。

アリストテレス　さきほど仰っておられました、北方ドイツ地域に特有の強い観念性でありますね。

プラトン　そのとおりよ。あのカントにも、ヘーゲルにも、マルクスにも共通じゃ。揺曳を嫌い、純粋性、完全性をひたすらに求める精神構造じゃよ。

アリストテレス　伝統でありますかな。しかしそれ自体は、必ずしも悪いことではないかとも思いますが。

プラトン　そこじゃ。究極を求めると、おのずと極論に傾く。極論には、極論の美があって、それに魅惑される者どもも決して少なくはない。

アリストテレス　前回のフランクルのお話は、まさしく究極でありました。そういうご趣旨にございますね。

プラトン　そうよ。そのとおりよ。フランクルは、究極のところで善のなんたるかを悟りおった。永遠の相と同化したところで、運命が自分になにを求めているのか。大宇宙に唯一の存在である〝わたし〟は、悠久の時間のなかのほんの一瞬にしか過ぎない生をどのように生きるべきか。そういう問いよ。

アリストテレス　意志でありますかな。決してくじけることのない。それも善き意志でありましょう。そこに究極の善があるとわたしも思います。

プラトン　そこよ。あの忌々しいカントも申しておるがのう、観念の世界では人間は自由ぞ。誰にもそれだけは奪うことができん。この自由をいかに用いるかじゃ。

アリストテレス　先生の意図することがよくわかりました。観念のなかの自由、これを善く用いるも自由、悪しく用いるも自由。この自由だけは誰にも奪えませんし、その与えられた自由をどのように用いるかが、究極の善であり、究極の悪でありますな。

プラトン　そのとおりじゃ。フランクルはそれを見事な仕方でやりおった。わしの目には涙がうかんだわい。わしと同意見の者は多いじゃろう。

アリストテレス　ヒトラーはこの対極にあると。

プラトン　そうよ。第1次世界大戦のドイツの敗戦が奴の申すとおりにユダヤの陰謀とした場合、心情的に敵意をもつことはドイツ側の視点からはわからんこともないが、ヒトラーはその頃の流行りのネオ・ダーウィニズムにのり、奴の観念の世界でユダヤを〝寄生虫〟とした。寄生虫は自分では生きる術をもたない。他の生物に寄生してその生き血を吸う。健全な民族、つまりこの場合はゲルマンじゃな、ユダヤに寄生されたゲルマン国家はその生き血を吸われて死に至ったというのが奴の世界観じゃ。だから、寄生虫は駆除する。ゲルマンはその健全な民族の純血性をもって団結する。

アリストテレス　地政学的には決して恵まれた立地にはないドイツではあるが、しかし、ゲルマンの血の優等性はあらゆる種のなかで最良のものである。だから、血の純潔を守り、寄生虫を駆除する。このことが生存競争を勝ち抜く唯一の仕方である。そういう理屈でありますな。

われらの時代のスパルタのやり方ですな。血の結束による、強力な軍制国家。これを目指したのでありましょう。

プラトン　そうよ。奴の言葉にそのままにあらわれておる。調べてみようぞ。奴がまだ野にあった時期に記されたものじゃが、権力を奪取したあとにまことにそのとおりの振る舞いを行った。貴重な資料じゃ。

ヒトラー著『続・わが闘争』（角川文庫）より

「巨大な戦争プロパガンダが始まり、（ドイツに対して第1次世界大戦を行った強力な世界連合を）熱狂させたのである」

「この巨大な戦争プロパガンダをひきおこした力が国際的ユダヤ人であった」

「ユダヤ人は人種的に完全に統一的ではない核からできあがっている民族である。しかし特別な本質特性を有しており、それが地球上の他の民族とユダヤ人を分かつのである」

「ユダヤは（共通の居住区を有する）宗教共同体ではない。ユダヤ人相互の結びつき、宗教的な結びつきが実際はユダヤ民族のそのときの国家構造である。ユダヤ人は、アーリア人のような、民族独特の空間的に区切られている国家をもたない。にもかかわらず、ユダヤは実際上の国家である」

「どの民族も地上での全行為の基本方針は、自己の保存である。この点では、ユダヤ人も同じである」

「（種の特性として）アーリア系民族とユダヤ民族は根本的に異なる素質をもつ。それに対応して生存闘争の形式も異なっている」

「アーリア人の生存闘争の基盤は土地である。ユダヤ民族は（土地をもたないので）空間的に理解されている種類の国家形成をできない。生存基盤として、他民族の創造的活動と労働を必要とする。それゆえにユダヤ人自身の存在が他民族の生存内での寄生虫的存在となる」

「すなわちユダヤ人の生存闘争の最終目的は、生産的活動を行っている諸民族を奴隷とするところにある」

「ユダヤ人はあらゆる武器を使用する。この民族の本質に根ざしている狡猾、狡知、擬態、策略、奸計などの諸特性である。ユダヤ人にあってはそれらが生存保持闘争の軍略に現れる」

「（これら諸特性を用いて）ユダヤ人は個別民族の内部でまず権利の平等を求めて闘い、それが終わると優越的権利を求める」

「ユダヤ人は諸民族を不安に陥れ、諸民族をその真なる利益とは別な方向に導き、民族を相戦わせ、カネとプロパガンダの助けでゆっくりと支配者に成り上がろうとする」

「最終目標は、脱国民化である。他民族との交雑を進め、その民族に入り込み、その民族の人種的水準を引き下げ、知識階級を根絶し、自分たちの民族所有者をもって代わりをつとめさせようとするのである」

「ユダヤ人の世界戦争はそれゆえに常に血なまぐさいボルシェヴィズム化となる。指導者をなくした人間たちの支配者にユダヤ人自身が昇ることができるのである」

「(歴史的に見ると)封建支配と領主統治がユダヤ人を抑圧されている社会層の戦闘に参加させた。フランス革命によってユダヤ人は市民的平等を得た。ユダヤ人が諸民族の内部にあって、政治権力に向かって進める足がかりができ上がった」

「利息思想に立脚した金貸し資本の拡大によって、ユダヤ人に諸民族の経済内での支配的位置を与えている。株を経由してユダヤ人は生産現場の大部分を所有するに至る」

「(次に彼らは)政治的生存の支配者になろうとしている。肉体労働の階級を特別階級に仕立て上げ、国民的知識階級に対して闘わせるのである。マルクシズムがボルシェヴィズム革命の精神的父親となる」

「ユダヤ人への依存を強める新聞のはたらきに支えられている。それがテロの武器である。ユダヤ人はその武器を今や情容赦なく冷酷に使用している」

「ヨーロッパ諸民族の緊張関係は、ほとんどの場合、領土不足の結果としてあらわれるのであるが、ユダヤ人は計画的に世界大戦をけしかけ、この緊張を自分に有利に利用しつくしているのである」

「反ユダヤ的であるロシアの破滅に始まり、ドイツ帝国も破壊された。さらなる目標は、王制がいまだしかれている国々を転覆させ、ユダヤ人主導を旨とする民主制を各地で興すことにある」

「マルクシズム、民主主義、国民的愛国同盟という動きは、ユダヤ人の陰謀を隠蔽する隠《かく》れ蓑《みの》である」

「いまドイツで繰り広げられるユダヤ人の勝利をめぐる激しい闘争に1人で立ち向かうのが、国家社会主義運動（ナチズム）なのである」

プラトン　どうじゃな。
アリストテレス　いやはや、観念の世界で善と悪は表裏の関係にありますな。
プラトン　そうよ。観念の自由は諸刃《もろは》の剣《つるぎ》じゃ。使い方が難しい。本人は、それが正義と真摯に思い込む場合も多々あろうしな。
アリストテレス　まことにお言葉のとおりです。
プラトン　どうじゃ、究極の善と悪を見てきたところでじゃ、次回はもう一回、お前の中庸性、言葉を変えれば、〝揺曳〟を含んだ経験の積み重ねによる善悪を見てみんかな。フランクルのような人間は、あの者が証言のとおり、一握りじゃ。またフランクルのような状況におかれることはふつうにはない。ふつうに人生を生きて、そこで、観念の思い違いの危険に晒されることなく、善き人に、そして幸福になることを考えてみんかな。

アリストテレス　しかとわかりました。

プラトン　では、今回はこのあたりでお開きとするか。

アリストテレス　ありがとうございました。

【まとめ】～〝観念論〟の危険性

究極の〝悪〟とはなにか。

生存闘争になぞらえた史上最悪のホロコースト。その根底にあるのは、狂気に取り憑かれた民族意識からくる自己の正当化だ。

〝フィリア〟(愛)の対極にあるところの〝ネイコス〟(憎悪あるいはヘイト)がもたらす政治的な悲劇。それが観念的に抽象化された場合の大きな危険性。

人間の観念世界には究極の自由がある。

フランクルにみたよう、これを〝崇高〟の高みに達するべく用いることもあれば、敵意と怨念にかられるとヒトラーのような狂気も生みだす。このことを指摘しておく。

第9章

「福祉（幸福）」と正義

【本章のポイント】
・人間が幸福に生きることと「正義」の関係について考える。
・ソクラテスやアリストテレスは、なぜ人間が幸福に生きていくために「welfare（福祉）」が必要だと考えたのか。
・ニーチェがカントの「道徳形而上哲学」を批判した理由はなにか。カントと古代ギリシャの賢人らの哲学・思想における違いとはなにか。

●観念についての考察

第9章では、観念世界での善悪を卒業して、〝生きる〟そして〝幸福〟という考え方を紹介する。

前の2つの章のおさらいとしてまず〝観念〟という用語を調べる。そのうえで本章の主題に入る。本講義の重要な分水嶺である。そこをおさえて読みすすめていただきたい。

観念（英：idea、希：ιδέα）は、プラトンに由来する語「イデア」の近世哲学以降の用法に対する訳語で、なにかあるものに関するひとまとまりの意識内容のこと。元来は仏教用語。

○ギリシャ語 ιδέα

・form, shape（形、形状）

・look, appearance, semblance（見ること、外観、うわべ）

・type, sort, class（種類、選別、階級・階層）

・style（格好）

・notion, idea（概念、考え）

ギリシャ語のイデアは、〝かたち〟や〝種分け〟の意味合いのなかで思念やコンセプトを位置づけるようだ。ソクラテスの魂の〝範型〟やプラトンの〝イデア〟（形相）に通ずる用語なのがよくわかる。

関連の英語用語を見てみる。

○英語 idea

・any conception existing in the mind as a result of mental understanding, awareness, or activity.（内面的な理解、意識、行為から形成される概念）

・a thought, conception, or notion（考え、着想、概念）

・an impression（印象）

・an opinion, view, or belief（意見、見解、信念）
・a plan of action; an intention（行為計画、意図）
・a groundless supposition; fantasy（妄想）

○英語 notion
・a general understanding; vague or imperfect conception or idea of something（概略的に、漠然とした、不完全な考え）
・an opinion, view, or belief（意見、見解、信念）
・conception or idea（着想、アイデア）
・a fanciful or foolish idea; whim（妄想、愚かな考え、気まぐれ）
・an ingenious article, device, or contrivance（独創的な品、装置、工夫）

○英語 conception
・the act of conceiving（想像すること）
・fertilization（うみだすこと）
・a notion; idea; concept（想念、アイデア、概念）
・something that is conceived（想像の産物）

・origination; beginning（出発点、端緒、始まり）
・a design; plan（デザイン、プラン）
信念や信条、あるいは創り出す、着想、計画という意味合いもあるが、あやふやな考え、妄想というネガティブな側面もあることに気づく。

プラトン　どうじゃな。
アリストテレス　いや、プラトン先生の影響力にはあらためて驚かされますな。人間の観念世界の可能性を切り開こうとなされたわけでありますから。
プラトン　こら、ひやかしを申すな。それもそうじゃが、いま話をしたいのは前回からの続きじゃ。
アリストテレス　はは、失礼いたしました。そうでありましたな。
〝観念〟という言葉を調べてみますと、よくわかりますな。人間の頭のなかは自由でありますからな。フランクルのようにすべてをはぎ取られ、〝わたし〟はどう生きるべきかという一点に彼の意識のすべてをかたむけそこに抽象化された善を見いだす者もおれば、ヒトラーのように、ヘイト（憎悪 hate, hatred）がつくりだした妄想に走る者もおります。

※抽象化（英：abstraction）とは、思考における手法の1つで、対象から注目すべき要素を重点的に抜き出して他は捨て去る方法である。

プラトン　まことにそうである。

そこでお前に相談じゃ。前回も申したが、フランクルのような人間は一握りじゃ。あのような状況におかれることもふつうはない。お前も申しておるが、〝わたし〟はどう生きるべきかという問いを、年がら年中、心にいだいて生活している者もそうはおらん。どうしたものかのう。

アリストテレス　プラトン先生らしからぬ弱気にあられますな。先生ならば、洞窟の囚人どもに檄をとばすのがお似合いに思われますが。

プラトン　そう意地の悪いことを申すな。

よいか。正義と欺瞞・偽善は紙一重じゃ。人間がやることは、1つの動機からくるわけではない。正義もむろんその1つではあるが、功利（utility）や快楽（pleasure）も考慮の対象となろう。いくつかのこうした動機がかさなりからまり行為としてあらわれる。

正義の占める重みが小さく、他の2つが大きい場合、さらにそれを〝正義のこと〟として他の動機を内にかくし行うことを欺瞞や偽善と人は呼び、忌避する。

わしの次兄であるグラウコンがソクラテス先生に問うた次のことを思いださんか。

●欺瞞・偽善について

正しいことが大切なのか。それとも、正しい人と〝思われる〟ことが大切なのか。

世の中には邪な正体をひたすらに隠しながら、うわべを取り繕うことで正しい人との評判を得ている人たちが少なくない。この評判を巧みに利用して、自分に都合のよい仲間と交際し、影響をひろげ、さまざまな利益に与っている。

もちろん化けの皮がはがれる場合もあるが、すべてではない。陰では不正により多くの財や名誉をなし、しかし表の顔は取り繕い世間では尊敬されている。

反対に、本当の正義の人というのは、数も少ないし、周りにはあまり理解されずに疎んじられている。欺瞞や偽善の正義は利益をもたらすが、本当の正義は損害をもたらす。

「正義」は、その評判やそれがもたらすなんらかの便益とは離れたところで、それ自体として、それ自身だけで尊く、なにかの役に立つものなのか。

プラトン　ソクラテス先生は、正義とは心のなかの存在、つまり信条であり、それ自体が善きものであり、尊ばれるべきものであり、そして正義に満ちている国家には人々の幸福があり、同時に、幸福な人々に満ちている国家にはやはりより多くの正義が見いだせる、と語られた。

わしには、それが陽光に満ちあふれる光景のように思えるのじゃ。

アリストテレス　失礼いたしました。他意はございません。まことに正義は尊ぶべきものであり、それ自体がそれ自体として素晴らしい。

それは、エネルギーに満ちあふれ、荘厳であり、輝かしく、美しく、そして現存するなによりも大きく、目も眩むほどにドラマチックでまばゆくなければなりません。先生の用いられた比喩はこれ以上にないほどに正鵠を射ておりますし、だからこそ後世の人々が飽くことなくその正体を追い求めたのでありましょう。

ちなみに、〝素晴らしい〟を調べてみました。類語を見ると、この言葉がどのような文脈で用いられるかよくわかります。正義、つまり内なる精神の素晴らしさをあらわすうえでの、まさに先生の陽の光の比喩の適切さの証左でありましょう。

プラトン　エネルギーに満ちあふれ、荘厳であり、輝かしく、美しく、そして現存するなによりも大きく、目も眩むほどにドラマチックでまばゆいか。なるほど、陽光はそのとおりにあるな。

アリストテレス　はい、でありますから、先生の説く正義は広く西洋社会の美観ともなり定着したに違いありません。

図表9-1　素晴らしいの類語

1. 感覚を活気づけ、知的情緒的賞賛を喚起する の意

明媚、佳《けい・よし》、美美《びび》しい、風光明媚、眩い、奇麗・綺麗《きれい》、見目よい・眉目《みめ》よい、艶《えん》、麗《うるわ》しげ、美事、美しい、美しげ、麗しい、美的、麗《うら》らか、見目麗しい、佳麗《かれい》、美麗《びれい》、良い、ビューティフル、見事、可愛い、絶佳《ぜっか》、奥ゆかしい、優、端麗、秀麗、艶《あで》やか、婉美《えんび》

2. 素晴らしい美と輝きがあるさま の意

晴れ晴れしい、素敵、輝かしい、美美しい、風光明媚、華華しい・花花《はなばな》しい、燦《さん》たる、玲瓏《れいろう》たる、壮麗、鮮やか、見事、絢爛華麗《けんらんかれい》、豪華、絶佳《ぜっか》、きらびやか、華麗、華やか、絢爛豪華《けんらんごうか》、豪壮、燦爛《さんらん》たる、鮮麗《せんれい》、立派

3. 目もくらむほど美しい の意

晴れ晴れしい、華美、素敵、艶、デラックス、壮麗、見事、ゴージャス、きらびやか、美々しい、華麗、華やか、絢爛《けんらん》たる、鮮麗《せんれい》

4. 著しく美しいか魅力的な の意

素晴らしい、良い

5. 非常によい の意

素晴らしい、好い、素適、かっこ良い、優等、良い、すごい、上上、優れた

6. 演出においてセンセーショナルであるか影響においてスリリングな の意

劇的、美しい、ドラマチック

7. 壮大さで特徴付けられる の意

雄大、素晴らしい、宏壮・広壮《こうそう》、壮観、壮大、荘厳、壮麗、堂々たる、見事、豪壮、立派

8. 大きさが過度で普通のことを超えて遠い の意

異例、素晴しい、特別、非常、優長、例外的、特異、格別、莫大、破格

9. 非常に良い、または大きい、とくに強意語として使用される の意

目覚ましい、素敵・素適、素晴らしい、ワンダフル、すてき、驚異的、見事、すごい、最高、ファンタスティック

10. 並み外れた優秀さの の意

目覚ましい、妙々《みょうみょう》たる、秀抜、輝かしい、素晴らしい、優秀、秀逸、鮮やか、良い、絶巧、こよない、出色《しゅっしょく》、見事、天晴れ、絶妙、尤、立派

11. 非常によい、最高品質の の意

目覚ましい、妙々たる、上々、輝かしい、精良、素適、素晴らしい、優等、優秀、御《ご》前上等《ぜんじょうとう》、上等、優良、見事、天晴れ、妙、エクセレント、上上、最も、立派、優れた

さまざまな場面で〝正義〟は用いられ尊ばれております。偽善者が自分の不正を糊塗するに際してもさも正義であるかのような振る舞いをするのは、まさしく〝正義〟が尊ばれており価値あるものであるからにございます。でなければ、ことさらに欺瞞を弄してまでそのような仕方をする必要はございませんから。

後世のドイツ人古典学者のニーチェはかようなことまで申しておりますぞ。

プラトン　ニヒリストのあのニーチェか。またもや北方ドイツ、プロイセンの学者であるか。

アリストテレス　そうでありますな。

プラトン　ニヒリストらは、わしのことを批判しておると聞くがのう。

アリストテレス　たしかにそのとおりでありますが、ニヒリストが批判の対象とするのはキリスト教の道徳教義であります。先生は、かの宗教とは縁もゆかりもなく、先方が先生の哲学を勝手に取り入れたわけであります。言ってみれば、まきこまれたかたちでありますな。

わたしが思いますに、ニーチェらニヒリストの批判の対象は、先生というよりも、むしろカントに対してでありましょう。

プラトン　またあのカントの登場であるか。どうもあの男とは相性があわんようじゃて。

アリストテレス　まあ、そう仰らずに。カントに対しては、このように申しておりますからな。

キリスト教は「大衆」向きのプラトン主義だから――ヨーロッパにおいて、かつて地上に現存しなかったような華麗な精神の緊張を創り出した。

あの老カントの頑なであるとともに慎み深い偽善沙汰、それでもって彼はわれわれを弁証論の忍び路へ誘い、この路が彼の「定言命法」へと導き、もっと正しくいえば、誘惑するのであるが、――この芝居はわれわれごとき悪習に染まった徒輩を微笑させる。このわれわれときたら、老いぼれ道学者や道訓家の手の込んだ奸計を監視することに少なからず愉悦を見いだすのだ。（ニーチェ談）

プラトン　辛辣であるな。
アリストテレス　はい、これはわれわれらの今回の主題とも関連いたしますので、順をおってご説明すべきかと存じます。
プラトン　なるほど、聞こう。
アリストテレス　はい、まず、プロイセン学派と申しますか、かの地の精神構造と申しますか、どちらが先か後かはわかりませぬが、きわめて特異な観念主義の色合いが強うございます。その代表的、象徴的なのがカントにございます。
カントは、形而上哲学を復権させて、ゲルマン民族の盟主として台頭していた当時のプロイセン王国を支える精神的な支柱作りを目指しておったのでありましょう。こ

図表9-2　ニーチェのニヒリズム哲学〜“生きる”の主張

フリードリヒ・ヴィルヘルム・ニーチェ（1844年10月15日〜1900年8月25日）は、ドイツ・プロイセン王国出身の思想家・哲学者。古典文献学者。

ニヒリズム（nihilism）

ニヒリズムあるいは虚無主義とは、今生きている世界、とくに過去および現在における人間の存在には意義、目的、理解できるような真理、本質的な価値などがないと主張する哲学的な立場である。名称はラテン語：nihil（無）に由来する。キリスト教道徳教義の克服を主張したニーチェは「ヨーロッパで最初の完全なニヒリスト」とも見なされる。

のことから先生のイデア論を空想の産物として脇へおいやり、かわりに〝義務の哲学〟と申せばよろしいのでありましょうか、言ってみれば、フランクルのように、永遠の相と同化した〝わたし〟（純粋理性）が悠久の時間の流れのなかではほんの一瞬に過ぎない生を引き受けるとは、〝善く生きる〟という義務を引き受けるに同じ意味であることを説くわけにあります。

プラトン　なんと、カントとあのフランクルが同じと申すか。よい、先を話せ。

アリストテレス　はい、この論理的な裏づけとして、人間がア・プリオリに認識可能なことは、空間のひろがりと時間の流れのみであることを指摘いたしました。ア・プリオリとは、すべての経験的なことを排除した結果として得られる理性認識とします。カントはこれを純粋理性としますます。カントにとり形而上学とは人間の純粋理性がなにを可能にするのかにあります。先生は、カントの申すところの純粋理性を用いて善の究極の正体をつきとめる研究を提唱されました。そして先生の説を引き継いだキリスト教神学においては、かの者どものよりどころでありますす唯一絶対の神、その存在を証明する試みとなった次第にあります。

カントの批判はまさにここにあります。人間の感性がつくりあげた観念世界の存在の正体をいかようにして証明するのか。はなからできない相談ではないか、と。

言ってみれば、先生のイデア論への批判を通じて神の存在証明を求める神学、つまりそれと同じ意味にて用いられていた形而上学の方向性を批判したわけにあります。

次にカントの主張することになりますのは、神の存在は証明できなくとも、それを信じることはできるではないか、と。

カントの理屈では、これが究極の〝自由〟とあいなります。人間精神の、純粋理性の求めとして、神の存在を信じる自由が与えられている、と説くのであります。

そして、この〝自由〟は誰にも奪われることのない、完全無欠のものであると。

フランクルは哲学を学んだドイツの神経科医であり精神科医であります。カント哲学はむろんあの男の精神の奥底にはいりこんでおるのは申すまでもないかと存じます。

極限状態におかれたフランクルがついにたどり着くこととなった精神の自由こそが、まさしくカントの申すところのものにあるわけでございます。

プラトン　それで、ニヒリズムとの関係はどうなるのじゃ。

アリストテレス　はい、そこがポイントでありましょう。善く生きる、善を信じる。では、この場合の〝善〟とはなにか。典型的な抽象思考の学者であるカントは、いかにもカントらしいことを述べます。ア・プリオリに善なることを信じよ、と。

プラトン　ア・プリオリに善なることとはなんじゃ。

アリストテレス　はい、すべての経験的なところを排除して残る純粋理性が認識する善悪にございます。

プラトン　具体的に申すと、われらの表にある〝良識〟や〝諫め・禁忌〟と理解してよいのであるかな。純粋な善（良識）としての好意、廉恥、和気、貞節、敬意、敬虔に、純粋な悪（諫め・禁忌）としての悪意、破廉恥、嫉視、姦淫、窃盗、殺人、こんなところであったか。

アリストテレス　はい、さようにございます。

プラトン　すると、お前の中庸の徳、言い換えると、良習や悪習ははいらんか。

アリストテレス　そのようでありますな。

プラトン　なんと。さすがに白黒思考のかの地の学者よ。揺曳を知らんとはのう。偏っているきらいはあるのう。

アリストテレス　カントによりますと、純粋理性により認識される善悪の判断は、この特性から絶対性に基づく。ゆえに、それらに準拠した行動規範を確立すべし、と。〝定言命法〟と命名までしておりますから。

プラトン　なるほど、定言命法であるか。

アリストテレス　はい、言い換えると、キリスト教の教義を指します。すべての理性的な人間にはそれを受け入れる、信仰をもつ〝自由〟があるのだ、と。

プラトン　ここまで話を聞くと、ニーチェのカント批判もわかってきよるわい。〝義務〟を受け入れる〝自由〟というておるわけよのう、カントは。

アリストテレス　さすがにプラトン先生であります。またも先回りをされてしまいました。

信仰の自由といえば聞こえはよいでありましょうが、その信仰が当然に求める〝義務〟を受け入れることをはたして〝自由〟といえるのか。崇高な理性が義務の概念に立脚することまではたしかにありましょう。しかし、ここに〝自由〟の概念を持ち出すのは、〝自由〟という言葉の耳当たりのよさを用いての〝芝居〟や〝奸計〟とニーチェが批判するのもわからないでもありません。

プラトン　そうよのう。信仰の自由が意味するところのその実が信仰の奴隷ということではならんからのう。

アリストテレス　まさしくニヒリストらの批判はそこにあります。精神世界はすべての人間に与えられた自由空間にあります。ところが、カントの命法に従いますと、すべての人間は命法の義務に縛られることにあいなります。俺たちの最後の自由まで奪うのか。そういう論旨でありましょう。

プラトン　白か黒かの論理でいくと、たしかにそうなるわい。黒とされたくなくば、白になれ。そうなるでのう。窮屈じゃわい。精神世界まで義務の奴隷にせんで欲しい、と切実にもなるじゃろう。

アリストテレス　まことに。自由哲学の先頭走者を自負するわれらには、異質なところがありますな。

ニーチェは、このようなことも申しておりますな。道徳志向の歪みがドイツ人の魂を疲弊させていると。

カントが人間のうちに1つの「新しい能力」を発見したかのようにドイツ哲学の発展と急激な開花を誇るのは、すべては（ギリシャ哲学に対し）後学の競争心に基づくのだ。

人間がその本来達しうるべき最高の力強さと華々しさに達しえないことの責めがどこにあるか。ほかならぬあの道徳こそ、危険のなかの危険なのである。（ニーチェ談）

品性下劣な、浅ましい
9. ものの性質がきわめて不快であるさま
鼻持ちならぬ、鼻をつまむような、反吐が出るような、ヒンシュクものの、不愉快な、唾棄《だき》すべき、愚劣な
10. 物を手に入れることに対して過剰な意欲があるさま
ギラギラした、野心的な、アグレッシブな、野望に満ちた
〈詰まらない〉
1. 微小で重要でない の意
眇 眇《びょうびょう》たる、ちっぽけ、些々《ささ》たる、しがない、ちっこい、たわいない、小さい、ちさい、微微《びび》たる、瑣末・些末《さまつ》、細かい、瑣細・ささい、トリビアル、些細《ささい》、たわいない、末 梢 的《まっしょうてき》、下らない、小っちゃい、つまらない、微々たる、ちっちゃい、卑小、他愛ない
2. 注目に値しない の意
様《さま》もない、取るに足りない、些細、末梢的、微々たる、詰《つま》らない、眇《びょう》たる、無意義の
3. ほとんど重要性または影響または力のないさま　の意
軽微《けいび》、小さい、些細、安っぽい、由無い・由《よし》ない、末梢的、微々たる、詰らない、眇《びょう》 たる、わずか
〈みすぼらしい〉
1. 非常に劣った品質または状態の の意
しがない、見窄《みすぼ》らしい、憐れ・哀《あわ》れ、情け無い、侘びしい・侘しい、嘆かわしい、けち、果敢ない・果無い・儚《はかな》い、憫然たる・愍然《びんぜん》たる、惨め、浅ましい、情けない、ミゼラブル
〈下らない〉
1. 有用性または価値が欠如するさまの意
やくざ（八九三）、駄目、甲斐《かい》ない、無用、馬鹿馬鹿しい、無駄、下らない、益体《やくたい》もない、無益、馬鹿らしい

図表9-3　素晴らしいの反対語（参考）

ちなみに、「素晴らしい」の反対語は以下である。嫌悪感を呼び起こす言葉としてそのような精神をあらわすものとして捉えたい。

・嫌《いや》らしい
・詰《つ》まらない
・見窄《みすぼ》らしい
・下《くだ》らない

〈嫌らしい〉

1. とくに性的な問題において、良識に対しての攻撃的な
卑陋・鄙陋《ひろう》、猥褻《わいせつ》、卑猥・鄙猥《ひわい》、尾篭《おこ》、猥りがわしい・濫りがわしい・妄《みだ》りがわしい、猥《みだ》ら、厭らしい、濫りがましい・猥りがましい・妄《みだ》りがましい、エッチ、淫ら、いかがわしい

2. 道徳的な緩みを連想させる、または、道徳的な緩みの傾向がある
淫奔《いんぽん》、淫乱、エロ、猥褻《わいせつ》、卑猥・卑《ひ》わい、猥《みだ》りがわしい・濫《みだ》りがわしい、婬猥・淫猥《いんわい》、猥ら・淫《みだ》ら、厭らしい、濫りがましい・猥りがましい・妄《みだ》りがましい、淫、靡《び・なびく》、エッチ、いかがわしい

3. 攻撃的あるいは、さらに悪意のある
意地悪、意地悪い、厭らしい、穢い・汚ない・穢《きた》ない、悪性、非道《ひど》い、厭《いと》わしい、厭・嫌《いや》、えげつない

4. 不潔な
むさい、醜穢《しゅうわい》、汚ない・穢《きた》ない、薄汚《うすぎた》ない、穢らわしい・汚《けが》らわしい、不潔、ダーティ、厭らしい・嫌《いや》らしい、下劣、えげつない

5. 知覚、精神または感情に不快な
鬱陶《うっとう》しげ、鬱陶しい・うっとうしい、気うとい、不愉快、嫌らしげ、不祥《ふしょう》、厭《いと》わしい、忌《い》まわしい、不快、厭らしい、疎《うと》ましい、嫌

6. 目だって、無味乾燥に下品な
卑陋《ひろう》、賤げ・賎しげ・卑《いや》しげ、鄙陋《ひろう》、粗陋・麁陋《そろう》、汚い、鄙劣・卑劣《ひれつ》、端たない・端《はした》ない、俚俗《りぞく》、ぼうぞく、厭《いや》らしい、賤しい・卑《いや》しい、悪趣味、低俗、粗野、野卑・野鄙《やひ》、俗っぽい、低級、下品、卑《ひ》げ、えげつない、卑俗《ひぞく》、陋劣《ろうれつ》、淫ら、俗悪《ぞくあく》

7. 精神的に不快な
大嫌い、憎々しい、憎い、憎らしい、厭《いと》わしい、忌《い》まわしい、厭らしい

8. 品性や風格に欠けているさま
下品な、下劣な、低俗な、卑俗な、品性のない、品性に欠ける、品のない、低劣な、卑劣な、底が知れてる、浅はかな、底の浅い、猥雑な、狭量な、心の狭い、度量の狭い、品格のない、上品でない、人間が卑しい、品性が下劣な、醜《みにく》い、教養のない、野蛮な、下種《げす》な、下種っぽい、下賤《げせん》な、野卑《やひ》な、俗臭ぷんぷんの、俗物的な、俗っぽい、

プラトン　比較するとじゃ。わしが陽光の比喩を用いて、人間精神の〝素晴らしさ〟を善や正義と説いたのは正鵠を射ているといえるかのう。なにせ、エネルギーに満ちあふれ、荘厳であり、輝かしく、美しく、そして現存するなによりも大きく、目も眩むほどにドラマチックでまばゆいのじゃ。どうじゃな。

アリストテレス　まさしくお言葉のとおりに思います。

●国家としてのエウ・プラッティン

次に、今回の主題である福祉（幸福）につき考察していく。アリストテレスのフロネーシス（知慮）のはたらきによる習慣としての徳の実践とこの主題とのつながりに注目しよう。

プラトン　人間が生きるということは多くの揺曳を含むからのう。純粋型抽象思考の白黒にはさまざまな局面での判断は難しいわい。

アリストテレス　まことにそのとおりでありますな。カントがこんなことを申しておりますな。

古代ギリシャの哲学は、3つの学問分野に分けられていた――自然哲学、倫理学、論理学である。この分野別の分類は、学問の本性にまったくふさわしいものであり、分類の原理をつけ加えることのほかには、改善すべきところはまったくないといってよい。この分類の原理をつけ加えればさらに完璧なものになるのは確実である。（カント談）

アリストテレス　この〝分類の原理〟が先に申しましたカント形而上哲学、ア・プリオリ哲学にございます。さらにこうも申しております。

ここで論じる事柄については、こう願っている。単なる学派や学説の創設を目指すものではなく、人類に恩恵をもたらす広大な土台を構築しようとするものであると。

プロイセン王国国務大臣閣下、閣下の恩顧に報いるために、わたしは学術に携わる者としての使命にかかわるすべての事柄を閣下のもとに捧げたいと思います。（カント談）

プラトン　大いに力が入っておるのう。ニーチェの申す批判は正鵠を射ておる気がするわい。国家や教会の権力や権威でもってカントの道徳教育をおしつけられたら、たしかに窮屈そのものぞ。

アリストテレス　そうでありますなあ。われらがギリシャ哲学に〝つけ加える〟と申しておりながら、蓋をあけてみると、国家をあげてすべてをカント哲学に置き換えたような図式になったのでありましょう。ニヒリストらに同情すべきではございますな。

プラトン　しかしあれであるな。カントがそれに〝つけ加える〟と申しておる、肝心の〝ギリシャ倫理学〟、つまりお前のことであるが、それについてはかようなわれらに対する競争心からか、ドイツでは忘れられてしまったように見受けられるぞ。

アリストテレス　そのようでありますな。ドイツでは、プラトン先生がギリシャ代表のスター選手のようでありますす。わたしの出番はございませんでした。伝説のレジェンド、プラトン先生を打ち負かした、ということで国家的な威信の発揚に繋がったのでありましょう。

プラトン　なんと。わしは打ち負かされた覚えはないがのう。

アリストテレス　はは、それだけプラトン先生の存在が大きかったのではありませんか。

プラトン　お前はなかなかに人をおだてるのもうまい。哲学者にしておくのは惜しいわい。

アリストテレス　いえいえ、本心からにございます。先生とカントの違いは明々白々にございます。ア・プリオリなる抽象化の思考は物事の本質を探し求める仕方として魅惑的でありますが、結果としては大局を見失わせ、たどりついたのはすべての経験を取り除いてみた結果としての未熟者や子どもにもわかる〝道徳〟であります。この点で、精神の〝素晴らしさ〟を陽光の比喩にてあらわされたプラトン先生の大局観とは、同じ形而上学の範疇にて語られるとはいえ、見ている世界が明らかに異なりますな。わたしは、〝生きる〟という生命の営みのなかにあってこその〝善〟であり〝正義〟と思います。陽光に示されるような〝広がり〟のなかにこそ真理はあるものと確信いたします。この精神性の壮大さはプラトン先生ならではと考える次第にございます。

わたしにいたしましても、ソクラテス先生やプラトン先生の掲げた正鵠を射たさまざまな哲学上の命題に一心不乱に立ち向かう日々を過ごさせていただきました。前にも述べましたとおり、アカデメイアにての充実した20年は本当にあっという間でありました。

プラトン　うむ、〝生きる〟とはまさしく経験じゃ。その積み重ねじゃ。それを下方におしやり、頭でっかちの白黒思考に走ると危ない。フランクルのような究極の精神をうみだすこともあろうが、同じ精神風土がヒトラーをつくりあげた。中間がないと、精神は極論から極論へと飛び回るしかないのじゃ。

お前も申すとおり、政治においても中間層の存在が大事じゃ。上層階級と下層階級のあいだにあって、これら2つのあいだにある潜在的な反目を吸収するはたらきをしよる。哲学も同じじゃて。中間が大切よ。

アリストテレス　うまいことを仰りますなあ。カントには中間がありませぬ。わたしの倫理学に〝つけ加える〟と申しておきながら、けっきょくは自分のア・プリオリ哲学をより崇高な場所に位置づけ、それを強要するかたちになりました。

プラトン　そうよ。生きることを忘れそこから切り離された理性はもはや人間のものではなくなるわい。わしが、〝真空の世界に飛びさっていった〟ならばじゃ、頭でっかちの奴は、ブラックホールに飲み込まれたわ。

アリストテレス　まことに。

プラトン　またしても、奴に、してやったりじゃ。

●福祉と正義について

プラトン　ところで、お前は〝福祉〟（英：welfare）という言葉は知っているよのう。

welfare（福祉）

・the good fortune, health, happiness, prosperity, etc., of a person, group, or organization; well-being（幸運、健康、繁栄など、個人や集団、団体のwell-being幸福）

・welfare work（福祉活動）

・financial or other assistance to an individual or family from a city, state, or national government（金銭的ほか、個人や世帯に対する公共体からの支援）

・a governmental agency that provides funds and aid to people in need, especially those unable to work（生活保護団体）

アリストテレス　もちろんです。もともとは、社会を形成する個人や諸団体、あるいは国家そのものの広い意味での〝幸福〟をあらわす言葉でありましたが、20世紀以降は政府による弱者救済の狭義の意味合いで用いられることが多いように思えます。ハッピネス（happiness）が個人の幸福をあらわすのと色分けされていきましたかな。

〈参考〉

西欧における社会的な弱者救済の措置は17世紀イギリスの救貧法に遡るとされる。救貧法：イングランドの救貧法（英：Poor Laws）とは、近世～現代のイングランドにおいて、貧民増加による社会不安を抑制するための法制を指す。１５３１年に救貧が始まり、エリザベス救貧法（１６０１年）が制定された。その後幾度も改正が繰り返され、結結果的に福祉国家イギリスの出発点となった。イングランド救貧法は近代的社会福祉制度の先駆として模範の１つとされ、諸外国も福祉制度の導入にあたって参考にした。

プラトン　そうよ。わしの問題にしておるのはもともとの広義の意味合いでのう。ソクラテス先生の教えに沿っておるわ。正義が多くある国家には幸福が多くあり、幸福が多くある国家には多くの正義が見いだせる。あれじゃよ。

アリストテレス　はい、まことに。これにつきましては、わたしもギリシャ植民国158をつぶさに調べて確認いたしました。単なる言説ではなく、事実に基づくところにございます。

プラトン　それよ。幸福こそ大事じゃよ。まことに正義の大事は幸福のためじゃ。言うてみればじゃ、皆が幸福ならば正義は用なしということになろう。

アリストテレス　そのとおりでありますな。しかし残念なことに、幸福は独立してひとり歩きできないような仕組みになっております。正義の補助なしには……ですな。

プラトン　皆、幸福になりたいわけじゃ。ところが、こ奴はなかなかにつかみどころがないものであるわい。なにせ、その者のうちにも外にも正義がなくてはならんて。

アリストテレス　まことに。健全な魂なきところに健全な自愛はございません。自分で自分を愛せない者が他人に愛される所以もございません。ここがまずは出発点でありましょうぞ。

さらにはまた、善き人間関係なくしての幸福もありえません。わたしはこれを〝フィリア〟（愛）と呼びました。善き人たちのあいだにしか本当の意味での善き関係、まことのフィリアはございません。功利（utility）や快楽（pleasure）に根ざす関係はいずれ解消されます。その者の魂の範型、わたしの言い方では〝エートス〟でありま

図表9-4　幸福と「生」

生きる（ゼーン）とは、文字どおり、経験を重ねること。

↓

善く生きるから、善き人に。
悪しく生きれば、悪しき人になる。

※フランクルのように崇高な“義務”を自由意思により選択することも一つの生き方だ。しかし“自由”という美句の下に観念的な“正義”や“義務”に人々を縛りつけるのでは本末転倒だ。

すが、つまりここに正義が宿ってこそであります。正しいエートスと正しいエートスのあいだにのみ善き人間関係が育まれ、幸福が生まれます。

プラトン　しかとそのとおりであるな。

アリストテレス　はい。フランクルのように観念の世界にて崇高な正義を成し遂げる者もなかにはいるでありましょう。しかるに、フランクル自身証言しておりますとおり、それは〝幸福〟ではなく、はてしない宇宙時間のうちに〝わたし〟が果たさなければならない〝義務〟でありました。

プラトン　であるな。カントのように、義務を受け入れることの自由を他の者に強要すればそれは自由ではなくなるでのう。

アリストテレス　はい。フランクルのように極限の状態におかれた者が最後の自由をもってして正しく生きることを選択したことに敬意を表させてはいただきますが、それが幸福かといえば答えは〝Ｎｏ〟であります。おそるべき苦悩。それでしかございません。

プラトン　魂の崇高さと幸福は次元の異なる議論にあるということじゃな。

アリストテレス　まことにそのとおりにございましょう。フランクルのように崇高な魂の持ち主は、収容所生活のあとには健全で素晴らしい生活を営んだことでありましょうし、多くの尊敬と祝福に包まれ幸福を手にしたでありましょう。そのようであったことを願います。しかし、フランクルのような仕方でなくとも、善き人、善きエートスを育むことは可能と思います。

プラトン　お前の中庸の徳じゃな。徳の実践と積み重ねじゃ。

アリストテレス　プラトン先生の先のご指摘のとおりにございます。人は生きております。生きて幸福を手に入れます。生きるということは、文字どおり、経験を積み重ねるということにほかなりません。

プラトン　そこじゃな。その生きることの積み重ね、経験の蓄積、そこに習慣が生まれるわけじゃ。

アリストテレス　その習慣は善くも悪くもなります。その者がどのように生きたかを映し出す鏡といってよいでありましょうぞ。

プラトン　生きるということは多くの揺曳を含むのう。頭でっかちに白黒の紋切りではない。

多くの揺曳を含むなかからじゃ、善き行い、つまり正義を探しだして抜き取り、そして自分のものにしていく。なかなかに味わいのある雅な世界観じゃて。

アリストテレス　〝フロネーシス〟（知慮）のはたらきであります。そのような思考に人は与っております。さまざまな選択肢を比較考量して人それぞれの選択を行う。この選択の積み重ねこそがエートスであります。言ってみれば、暗黙知の世界観にございますな。

プラトン　暗黙知の世界にての自由となるな。これこそが本物の自由じゃて。カントも腰をぬかすことよ。

暗黙知（英：Tacit knowledge）
経験的に使っている知識だが簡単に言葉で説明できない知識のことで、経験知と身体知の中に含まれている概念。マイケル・ポランニーが命名。経験知とも呼ばれる。感覚や感性、習熟などに関係する。

プラトン　して、人それぞれの暗黙知の世界観がエートスじゃ。

アリストテレス　ありがとうございます。多くの揺曳を含む暗黙知の世界でありますから、絶対というのはございませんでしょう。時に過ちをおかし、次には改善を考える。長きにわたるその試行錯誤の集大成がその者のエートスの善し悪しとなるわけであります。

スポーツの世界観に似ておりますな。ある程度以上の水準に達したスポーツ選手ならば素肌感覚で理解できるものと考えます。

プラトン　なるほど、よき話を聞いたぞ。スポーツを楽しむように人生を楽しむわけであるな。そう聞くと、生きるのが楽しくなるのう。文武両道にて気概の育成を説いたわしの説にも合致しておるわい。お前の申す実践倫理の競技会においてはじゃ、巧者は善を営み幸福を手に入れる。言うてみれば、オリンピアの栄冠じゃ。対して、ヘボな選手は悪習に身を染め、幸福を逸する。日頃の練習の成果を試す舞台がじゃ、それが人生ということになる。

アリストテレス　なかなかに味わいのあるお話でありますなあ。わたしもそのように思います。スポーツを楽しむように、人生におけるオリンピアの栄冠、つまり幸福ということになりますが、それを手中にする、あるいはそれを目指して生きる。なんだかわくわくいたしますわ。

プラトン　ところでじゃ、本日の最後に、そのオリンピアの栄冠であるな、つまり幸福についてお前の考えることを聞いておこうぞ。幸福とひと口に申しても、これ自体が多くの揺曳を含む暗黙知の世界じゃてのう。

アリストテレス　そうでありますな。本日もじつに実りのある中身の濃いお話をさせていただきました。プラトン先生とのやり取りは時間を忘れさせますから。

わたしの申すところの〝幸福〟とは、〝エウ・ダイモニア〟にございます。神々に祝福されるような幸福を指します。神々といっても、一神教の絶対神ではございません。われらの神々、つまり人間と一緒に生き、喜怒哀楽を共にする神々にあります。これが意味しますところは、人々に祝福されるような生き方をせよ、ということでございます。

言うてみれば、〝エウ・ゼーン〟（善く生きる）と、わたしの申す〝幸福〟（エウ・ダイモニア）は同じことを意味いたします。

プラトン　人々の祝福であるか。まさしく〝エウ・ゼーン〟（善く生きる）があってこそのものよのう。

アリストテレス　はい、そして善く生きる（エウ・ゼーン）とは、日々の行いを〝善くやっている〟（エウ・プラッティン）ことをなしにありえないとも申せます。

プラトン　善き人々に囲まれ祝福される。まことに、生きる（ゼーン）ということの最大の果実にあるな。

善く生きている（エウ・ゼーン）、善くやっている（エウ・プラッティン）、そういう者がカントの申す程度の素朴なア・プリオリ道徳を踏み外すとも思えんわ。またしても、してやったりじゃわ。

アリストテレス　ありがとうございます。そしてこの考え方は、プラトン先生がお聞きになりましたところの〝welfare〟（福祉・幸福）とも大いに関係いたしますぞ。関係するどころか、善き人々の、善き人々による、善き人々のための幸福、これこそがその言葉の本来の意味するところにございましょうから。

プラトン　そうよ。さすがにアリストテレスじゃ。それを言いたかったのよ。よくぞ申した。ソクラテス先生の説いた、正義が多くある国家には幸福が多くあり、幸福が多くある国家には多くの正義が見いだせる、これこそが〝welfare〟（福祉・幸福）であってじゃ、このためには、国家自体が〝エウ・プラッティン〟（善くやっている）でなくてはならぬ。国家も、個人も、〝エウ・プラッティン〟の状態にあらねばならぬのじゃ。どうじゃ、今回はじゅうぶんにたくさんの実りある話をした。今回のところはこれくらいでお開きにして、続きは次回にやらんかのう。

アリストテレス　しかと承りました。楽しみにしております。

【まとめ】～幸福は〝生きる〟ことにより得られる

幸福な「生」（ゼーン）とはなにか。

〝生きる〟（ゼーン）とは、文字どおり、経験を重ねることである。善く生きるから、善き人に。悪しく生きれば、悪しき人になる。

崇高な〝義務〟を自由意思により選択することも一つの生き方だ。しかし〝自由〟という美句の下に観念的な〝正義〟や〝義務〟に人々を縛りつけるのでは本末転倒なのである。

人生のさまざまな揺曳のなかに、快楽と苦痛とをいかに受け入れ、あるいは回避し、絶妙の節制バランスを見いだしていくのか。フロネーシス（知慮）のはたらきによる無数の問題解決の積み重ねだ。

善き人々の、善き人々による、善き人々のための〝幸福〟（エウ・ダイモニア）とは、人生経験という確たる土台に立脚していなければならないのだ。

第10章

「政治」の第一原則はなにか?

【本章のポイント】
・「正義」に関する議論を踏まえながら、「政治」はなにを目指すべきかを考える。
・「分断」は、グローバルにつながる現代社会における深刻な問題である。格差や各種の差別から、炎上、ヘイトスピーチ、表現の不自由、あるいは地域紛争など、人々を分け隔てる「壁」をどう乗りこえるかを考える。
・「政治」に向き合う市民に求められる資質とはなにか。アリストテレスが「教育」の重要性を説いた理由を考える。

●フロネーシス（知慮）の限界

第10章では、“Civil Society”（市民社会）の成立に欠かせない核心的な〝信念〟と政治のリーダーシップの必要性を学ぶ。

政治家や政治研究者は、医者が人間の身体を学ぶように、人間の魂のことを学ばなければならない。人間の魂を善くすることが政治の第一目的だからである。（アリストテレス談）

プラトン　お前のフロネーシス（知慮）のはたらきによる中庸の徳にも欠けているものがあっ

たわい。

アリストテレス　はい、いきなりそうきましたか。して、どのようなご趣旨のお話でありましょうか。

プラトン　なんの、わしら2人ともがわかっておらんかったのじゃよ。

アリストテレス　はあ、なるほど。思わせぶりでありますな。

プラトン　そうよ。かような基本的なことを見落としておったわい。

アリストテレス　左様にございますか。先生がそのように申されるならば、そうなのでありましょうな。して。

プラトン　まだわからぬのか。

アリストテレス　はあ、まことに恐縮ながら、わたしめごときにはプラトン先生の天才の閃きはございませんから。

プラトン　そうであるか。では、申そう。

アリストテレス　よろしくお願いいたします。

プラトン　お前は、わしのイデア論はもしそれが存在するにしても、それは形而上世界の天才にしかわからんから、世俗のふつうの者どもにも理解でき、実践可能な倫理学が必要と申した。

アリストテレス　まことに。

プラトン　そこでお前は、すべての人間に備わっている知性としてのフロネーシス（知慮）のはたらきをもってしての徳の実践を説いたわ。

わしの思うところ、これは完璧じゃ。まあ、あのカントも申しておるがのう。

アリストテレス　もったいないお言葉に存じます。はて、わたしの説に欠落があるとのお話とうかがいましたが。

プラトン　そこよ。完璧すぎるのじゃ。勇気の過小は〝こわがり〟であるとか、過大は〝無謀〟であるとか、勇気を必要とする場面ではその者がフロネーシス（知慮）をはたらかせてじゃ、どのように振る舞うかを選択する。そこに多分なる揺曳が入り込む余地があり、〝こわがり〟と〝無謀〟のあいだで適正に勇気をはたらかせるところに〝勇敢〟というアレテー（徳）がある。このうえないわい。

アリストテレス　ありがとうございます。して。

プラトン　そこよ。このような仕方でお前の掲げる10の徳目をすべて完璧に良習として身にまとった人間は、ペリクレースしかおらんでのう。

わしらは、ペリクレースを模範イメージにしておったがために、大事なことを1つ見落としたのよ。

アリストテレス　なるほど。たしかにソクラテス先生やプラトン先生の魂の〝範型〟にいたしましても、わたしの中庸の徳にいたしましても、ペリクレースの模範を抜きには語るのが難しいでありましょう。

プラトン　そこよ。われらアテナイ人には、かの絶対将軍の存在は大きすぎたのじゃ。意識せずともかのカリスマがわれらの精神に入り込んでくるわい。

アリストテレス　まことにお言葉のとおりでございますな。

ペリクレース（紀元前495頃～紀元前429）

古代アテナイの政治家・将官であり、アテナイの最盛期を築き上げた重鎮として有名である。歴史家トゥキュディデスは著者『戦史』において、徳も識見も兼ね備えた唯一無二の人物であり、最盛期アテナイの民主制は、事実上、ペリクレースただ1人のリーダーシップによるものであったと述べている。ペロポネソス戦争開戦の初期に述べられた彼の戦没者追悼演説は正義の本質をついたものとして現代まで語り継がれている。

アリストテレス　かの絶対将軍の模範をもって、正義とは善とはなにかをどうしても考えてしまいますな。

プラトン　そこよ。そこにわれらの見落としがあったのじゃ。ソクラテス先生やわしの文武両道の教育にしてもじゃ、幼年期からそれだけ贅沢な環境を用意できるのは限られた者だけじゃ。

アリストテレス　そうでありますなあ。だからこそ、そのようなエリートにさらに哲学教育を施し、未来の哲人統治を託すことを先生は提唱されたわけでありますな。

プラトン　そうじゃ。そしてお前はさらには人間誰しもに備わっているフロネーシス（知慮）のはたらきによる中庸の徳を説いたわけじゃが、そこが見落としよ。フロネーシス（知慮）は誰にも備わっているかもしれんが、それに熟達できるのは一握りよ。

これはよく考えればすぐにわかる。なにせ、お前の提唱は、われらから2400年ほども後世の現代においてもじゃ、〝問題解決のための思考法〟と銘打って、一流のコンサルティング会社や大学などの教育現場などでな、手ほどきをしておる。一部のエリートに対して、それも体系的な指導が必要なものと位置づけられているのじゃ。お前の申したように、普通の者どもが教育や手ほどきなしに使いこなせる類いの思考とは捉えられてはおらんからな。

アリストテレス　そうお聞きしますと、まことに至極もっともなご指摘に思えまする。

プラトン　であろう。われらが哲学はエリート向けのものになっておったんじゃな。

問題解決思考

アリストテレスによると、フロネーシス（知慮）を活用した知性能力。

人間は、随時、この知性をはたらかせているといえる。なにかを行う場合、さまざまな選択肢を比較考量して、状況に応じての最善の選択を採用しようとする。

昨今のビジネスシーンにおいて頻繁に用いられる〝問題解決思考〟とはこのことを指す。問題の本質を見極めて、解決までのアクションプランを計画し、実行していける力のことを意味する。

問題の解決能力が高い人には、大きく3つの特徴がみられる。
・論理的思考力が高く、物事を体系的に捉えることができる。
・日ごろから物事に対して「なぜだろう」と疑問をもったり、考える癖がある。
・迅速にＰＤＣＡを回していく習慣が身についている。
対して、問題解決能力が低い人の特徴としては、
・まったく問題でない所に時間をかけて取り組んでしまう。
・本質的な問題を解決できない。
・同じようなミスを繰り返す。
フロネーシス（知慮）のはたらきは、大きく次のステップから成る。
ⅰ．問題・課題の認識
問題や課題を認識することからこの知性ははたらく。大きな問題から、日常の些細なものに対してまで、フロネーシス（知慮）はたえまなくはたらいているが、どのように、どのようなことを、どのようなときに問題と認識するかは、目的意識や状況の認識の次第に

より影響される。

そして、問題の核心を理解できるのか。ここでつまずくと、後のステップも的外れのまま進んでしまう。いくら頑張っても徒労に終わる。

ⅱ．選択
どのような選択肢があるかを考え、それらを比較考量する。

どちらにも、経験や知識、それに目的意識や状況の認識の次第が影響を与える。

ⅲ．実行
どのような選択肢のなかからなにをどのように実行するのかは、先のとおり、生来のフロネーシス（知慮）のはたらきの良し悪しだけではなく、経験や知識、それに目的意識や状況の認識の次第が影響を与える。

くわえて、意思の力が求められる場合もある。大きな問題や課題に向き合う場合にその傾向は強くなる。

●フロネーシス（知慮）の熟達

アリストテレス　そういたしますと、ちと、われらももう一段の工夫をせねばなりませんな。先生はどのようにお考えに。

プラトン　そうじゃな、いかがなものかのう。
いずれにせよじゃ、お前のフロネーシス（知慮）のはたらきによる中庸の徳は、完璧ではあるが、使いこなせるのは限られた者どもだけと考えるべきではあろうのう。
オリンピアの栄冠は、それをつかむに困難があるから称賛され祝福される。達者がいれば、その反対のへボが必ずおることを考えねばならんわ。数からしたらじゃ、へボは圧倒的なマジョリティじゃてな。
アリストテレス　そうでありますな。どうでありましょう、感覚的には、およそ5～10%程度にありましょうか。フロネーシス（知慮）の扱いの熟達の域に到達いたしますのは。
プラトン　〝10年ルール〟というのがあるわ。フロネーシス（知慮）を完全に手なずけて自分のものにするには、もともとの素質に恵まれた者どもにも長年の修練を必要とするわい。
いずれにせよじゃ、簡単なものではないぞ。
アリストテレス　芸術家やスポーツ選手、学者や政治家、さまざまに独創性に優れた者を対象に研究したあれでありますな。

熟達化の10年ルール
認知心理学や認知科学においては、ある領域の専門的なトレーニングや実践的な経験を積み、特別な技能や知識を獲得した人を「熟達者」と呼ぶ。熟達者は特定分野の上位5％の人材とされる。

・自分の領域においてのみ優れている。
・経験や訓練に基づく「構造化された知識」をもつ。
・問題を深く理解し、正確に素早く問題を解決する。
・優れた自己モニタリングスキルをもつ。

という特徴を備えている。

このようなスキルを獲得し、素人から熟達者にまで成長するためには、最低10年間の準備期間が必要であることを、エリクソン（K. Anders Ericsson）はチェスやテニス、音楽等の芸術やスポーツ分野での研究を通じて明らかにした。

これを「熟達化の10年ルール」と呼ぶ。

また、アンダーソン（John R. Anderson）は知識やスキルを、まずひな型どおりに受け入れ、次に知識を噛み砕いて自分のものとし、最後にそうした知識やスキルを繰り返し活用することで、よりスムーズな処理が可能になる、という3段階の学習モデルを提唱した。

（出典：日本能率協会）

アリストテレス　これをみますと、〝善く生きる〟というわれらが命題のハードルの高さがよくわかりますな。

〝自分の領域〟を〝エートス（倫理的性状）の確立〟と置き換えて考えれば、この研究結果はじつに参考になります。

5％でありますか、熟達に到達するのは。たしかに、感覚的には、われらが意図するところの〝善き人〟の全体に占める割合に見合う数字かもしれません。

そして10年かけての熟達でありますか。

先生のご指摘のとおり、普通の人たちに期待するには高いハードルと捉えるべきかと、おかげさまにて認識をあらたにいたしました。

プラトン　まさしくじゃな。

10年かけて熟慮をかたむけた精進を行えば誰でも熟達者になれる、との逆説のメッセージを出しておるようにも見受けられるがのう。商売上のキャッチじゃな。まさしく〝熟慮の〟と申しておるのが、フロネーシス（知慮）のはたらきそのものじゃ。さらには10年の月日を費やすほどの情熱や根気を万人に期待するのは無理よ。

そこで、あくまで目安の数字ではあるが、〝5％ルール〟をわれらとして採用したいが、よいか。

アリストテレス　まことにごもっともに思われますぞ。

●正義の実現と独立的な自由

アリストテレス　この数字をみますと、先生のご提唱のとおり、幼少期からの適切な指導と教育は欠かせませんな。しかし、それでも、フロネーシス（知慮）を使いこなして自分のものとしてエートスの確立まで魂のことを高めていくのは、割合としては一握りにありましょうぞ。

プラトン　どうして、われらから2400年の時を隔てても、善き人の比率はさほど変わらないように見受けられるのも納得じゃよ。

アリストテレス　まことに。〝善き人〟、あるいは〝善きエートスを獲得すること〟というのは、倫理競技の熟達者としてもっと尊敬されねばなりませぬ。〝オリンピアの栄冠〟は単なる比喩ではございませぬな。

プラトン　われらにはまこと厳しい現実の認識をあらたにするとしてじゃ、この事実認識にたって現実的な策を用いねばならぬ。かようなことは、むしろお前の得意分野であるな。

アリストテレス　よくぞ申していただきました。しかと承りました。

プラトン　して、どのようにするかのう、お前ならば。

アリストテレス　いくつかのステップを踏む必要はあるかと存じます。難問にございますからな。

プラトン　さもあろう。して。

アリストテレス　はい、まずやらねばなりませんことは、5%の、数で申しますと圧倒的な少数グループ、マイノリティになりますところの〝善き人々〟を守ることにあるかと存じます。

プラトン　守る、とな。

アリストテレス　はい、守らねばなりませぬ。

プラトン　どのようにじゃな。

アリストテレス　いろいろなやり方はございましょう。しかし、〝魂の輝き〟こそ守らねばならぬことは先生もご同意と信じます。

プラトン　それはそのとおりよ。問題は、どのようにしてかじゃ。

アリストテレス　はい、数の上で常にマイノリティである〝善き人々〟は、常にそうでない圧倒的なマジョリティに迫害される危険に晒されます。彼らを〝守る〟とは、〝法〟の力を借りる以外に仕方がございませぬ。

その第1番目に来るのは、〝権利〟の概念を定着させることにありましょうな。

プラトン　ほう、善き人々を守るための権利と申すか。

アリストテレス　はい、左様にございます。

プラトン　善き人々を守るために〝権利〟を持ち出すのは、さすがにアリストテレスじゃな。ほとほと感心するわい。

アリストテレス　ありがとうございます。権利とは、不正から身を守る法的な防御壁にありましょうぞ。

プラトン　そうよのう。わしの次兄グラウコンがソクラテス先生と次の問答をしておったわいのう。グラウコンは消極的な正義を悲観しておったわけであるが、お前は異なる見方をしておるな。

グラウコンのソクラテスへの問い（再掲）

1人では自足できない人間は、集団生活を営むことで互いを補完しあう。最初は、家族、親族単位、次第に村や町をつくり、国を形成するに至る。国が大きくなるにつれ、さまざまな種類の人間がその国に居住するようになる。互いに不正をはたらきあっていては大いに不都合が生じる。次第に、人びとのあいだには約束ごとや規範、法律の類が必要になり、不正をはたらけば罰が与えられる。

つまり、他の人たちから不正をはたらかれる怖れから、不正とは反対のことを「正義」と呼ぶようになる。

然るに、正義とは、そんなうしろ向き消極的なものなのか。
人びとは、罰せられる恐怖さえなければ、平気で不正を行うのか。
それでは罰則への恐怖が正義ではないか。

アリストテレス　はい、お兄様のご指摘はもっともにございます。そうした正義のみでは、いつぞやも申しましたとおり、国家ではなくて、単なる同盟やアライアンス（提携）の類いに終わりましょう。
　しかし、先ほど、わたしのフローネーシス（知慮）の限界についてのご指摘を賜りまして気がつきました。
プラトン　ほう、聞かせてもらおう。
アリストテレス　はい、お兄様のご指摘はまことに正鵠を射ておりますが、このお話の対象とするところは、エートス（倫理的性状）がさして善いとは申せない人々のあいだにおけるものにありましょうぞ。
プラトン　それはそうであろうな。なにしろ、正義なしには、互いに不正をはたらきあうことが前提になっておるからのう。
アリストテレス　そこであります。先の先生のご指摘を反対からみますと、フローネーシスのはたらきに優れ、善き習慣を身につけている人々は、数は少ないながらも、必ず存在いたします。ここがポイントにございます。

プラトン　うむ、先を話せ。

アリストテレス　はい、どういうことかと申しますと、善き人か、あるいはそうでないかは、フロネーシスのはたらきの善し悪しにございます。エウ・プラッティン（善くやっている）やエウ・ゼーン（善く生きている）ということについては、それがエウ・ダイモニア（幸福）につながる以上は、できるならば、皆、そうしたいと願うわけにございます。然るに、この能力に与る幸運をもつ人々の割合は全体の5％でしかありません。

プラトン　5％が常に正確かはさておき、大枠でみれば、議論の筋はそのとおりよの。して、そのさきはどうなるのじゃ。

アリストテレス　はい、善きフロネーシスのはたらきをもつ人々が必ずいるということは、善き人々も同じ割合にて必ずいることを意味いたします。

プラトン　ほう、徐々にみえてきたわい。つまり、グラウコンは正義はないと悲観しておったわけであるが、お前は、その同じ状況にあっても正義はそこにあるではないかと申しておる。悲観することはないわけじゃ。

アリストテレス　さすがにプラトン先生にございますな。いつも先回りをされてしまいますわ。そのとおりにございます。つまり、フロネーシスのはたらきにヘボな者どもが互いに不正をはたらきあうことを恐れて、お兄様の仰られますところの〝消極的な正義〟としての約束ごとや規範、法律の類いを用いるならば、結果といたしましては、それが本当の正義、つまり善きフロネーシスのはたらきを有する人々を守る防御壁にあいなるわけにございます。

プラトン　うむ。お前のフロネーシスのはたらきにはほとほと驚かされてばかりじゃよ。

アリストテレス　ありがとうございます。

話を続けさせていただきますと、自然の与えたもうた摂理に則り、5％の熟達者と95％のそうではない者たちで成り立っているのが人間の社会と捉えれば、互いに互いを侵さないというルールが明確になり、実効が担保されれば世の中から正義が消えることはございませぬ。

プラトン　まことに脱帽じゃて。5％の正義の熟達者らは自分から他人を侵すことはないでのう。対して、残りの95％は互いに不正をはたらきあうことに怯えるのじゃから、なんとか自分の権利を守ることに血道をあげるわけじゃな。すると、結果として、5％の正義の熟達者らはその恩恵に与り、不正から守られるようになると。

まことにおそれいるわいのう。

アリストテレス　ありがとうございます。

プラトン　して、そのような次第で正義を守るとして、具体的にはどのような権利を打ち立てるべきとお前は考えるのじゃな。

アリストテレス　はい、まずは、〝自由〟にございます。自由、つまり他人からの権利侵害を排す、あるいは他人への権利侵害をきびしく罰する、ということにございます。

プラトン　であろうかの。この場合の〝自由〟とは気ままに好きにできる、という意味ではないよのう。

アリストテレス　はい、それはむろんそのとおりでありますな。気ままに好きにできることを〝自由〟とした場合、他人の権利を侵害することもそれに含まれかねませんな。〝自由〟とは他からの権利侵害に対する防御壁であり、自身の〝独立〟を確立し維持することとせねばなりませぬ。

プラトン　そのとおりよ。とくに善き人々の自由と独立は絶対要件よのう。

アリストテレス　はい、善き人々が隷従を強いられ奴隷あつかいになるのを防ぐことがまずはなににも優先されねばなりませぬ。

プラトン　そうであろう。〝自由・独立〟を万人に保証するのは、善き人々だけにでのうて、互いに不正をはたらきあうことをなによりおそれるそれ以外の者どもにも好都合じゃしのう。反対する者はおらんわ。〝自由・独立〟を権利の第1番目に据えるのは間違いがないわい。

アリストテレス　はい。このようにみますと、独裁僭主（卑劣な独裁者の意）が民衆を抑圧することほど、自らにとっても最悪の選択肢であることのほどがわかります。

プラトン　それよ。〝自由・独立〟という不正から身を守る権利を失った者どもは互いに不正をはたらきあう機会をさぐりあうわな。国は荒廃するわ。抑圧者に力がある限りは治世が保たれるかもしれんが、権力と暴力による支配は長くは続かん。なにしろ国全体を敵にまわすようなものじゃてのう。

アリストテレス　はい、その旨は、わたしも『政治学』にて実証研究の成果として発表いたしました。

プラトン　そうであった。ルソーも申しておったが、支配することは権利ではないからのう。支配者のみ無制限の〝好き勝手な自由〟が認められて、他のすべての者どもの〝自由・独立〟を認めないなどはありえんわい。〝力は正義〟とか、〝正義とは権力者の利益〟などとほざいたトラシュマコスの阿呆さがようわかるわ。まことにお前の貢献は言語に絶するぞ。

アリストテレス　ルソーはなかなかにうまい表現を用いましたな。支配することは権利ではない。そして、従うことは義務ではない。カントも観念世界での自由と義務のすげ替えを巧妙にやっておりましたが、権利と義務の用い方に過ちがあってはなりませぬな。

プラトン　まことにそうよ。

●〝フェア精神〟の徳、〝ヘイト〟の禁忌

プラトン　〝自由・独立〟がわれらの国家の第1番目の守られるべき権利であることは、これにて決定じゃ。
　して、次にはいかにすべきか。

アリストテレス　はい、それを担保する施策を用いるべきかと。わたしは、制度的なそれとあわせて〝義務〟の徹底をはかるべきと考えます。

プラトン　制度はわかるが、〝義務〟とな。

アリストテレス　はい、制度的な事柄はわたしの『政治学』に記した調査の結果にて明らかでございます。特定グループの利害を優先することなく、人々がその分に応じて等しく扱われるよう、制度の仕組みの面で工夫を凝らすことにございます。法による支配が人による支配に優ること、評議（立法）、諸役（行政）、裁判（司法）からなる国政をこの理念に照らして立派なものに仕上げること、さまざまな異なる人々から構成される国民団体が国政にたずさわるよう混淆を進めること、などにあります。（混淆・異種のものが入り交じること。そういうものを入り交じらせること）
　しかしながら、これだけでは十分とは申せません。なぜならば、そのときそのとき

に勢力のある政治団体はやはり己の利益を優先いたします。このことに対しての防御壁になるのは国民の内にある精神にほかなりませぬ。

プラトン　制度だけではならぬな。精神じゃてな。

アリストテレス　はい、けっきょく最後の拠り所は人間の内にございます。

プラトン　そうであろうぞ。以前に思考実験を行ったな。世界から徳のすべてを抜き取り、残るは悪徳のみとした。悪なる者どもは互いに不正をはたらく機会を常に窺っておるわ。誰が時々の勢力を保持していようが、それは問題ではない。けっきょく、不正の応酬にて国は滅び、世の者どもの魂は劣悪にして引き裂かれていくわ。

アリストテレス　はい、あれはなかなかに面白い試みにございましたな。

プラトン　そうよ。あれで、わしも面目躍如じゃ。

アリストテレス　そのようにございますな。学生も納得していた様子にございました。

プラトン　であろう。しかしであるな、先の話に戻すと、魂の熟達者になるのは限られた素質の者どもだけであったぞ。〝5％ルール〟じゃ。

アリストテレス　はい、まさしく仰せのとおりにありますな。ポイントはそこにございます。熟達者にはなれずとも、愛好家の水準にはほとんどの人間はなれる素質を有してございます。徳の熟達者よりも、むしろその愛好家を養成することに注力すべきにございます。熟達する者は、その素質において、相当程度に自足的に熟達者の道を歩みますし。

プラトン　ほう、魂の、徳の、その愛好家となｏ

アリストテレス　はい、まずは魂のことや、アレテー（徳）のことを愛好する精神を育てます。人気スポーツや娯楽に親しんだ子どもの多くがそれらの愛好者になるのと同じにございます。同じように、幼少から徳の愛好者になるべくそのような次第で育てられた子どもはそのように育つでありましょう。

プラトン　おう、それはそのとおりにあるぞ。ソクラテス先生やわしが申しておることではないか。

アリストテレス　はい、両先生のご提唱はまことに正鵠を射ております。それをすべての子どもに対象を拡げましょうぞ。わたしは徳の素質はすべての国民諸階層に均等な割合にて分布しておると存じます。こうすることにより、徳の愛好者も、その熟達者も増加するに違いございませんから。

プラトン　違いないのう。愛好者を育てるほどの教育ならば、薄く広く、あまねく裾野を拡げることは可能じゃろうの。

では、それをわれらの国の制度として取り入れることが決定じゃ。

アリストテレス　はい、ありがとうございます。また、その教育においては、徳育の対象をそのもっとも大事なことに絞るべきにございましょう。

総合的な能力（アレテー）を有する〝プロフェッショナル〟になれるのはごく限られた素質によると致しましても、その部分的な技術に優れる〝職人〟には誰でもなれる素質を大半の者は有しております。

また単に徳の愛好者であるに留まらずに、徳のなかでももっともわれらの意にかなう特別なものについては信念として定着させる必要がございましょう。

プラトン　ほう、して、それはなんじゃ。

アリストテレス　はい、〝フェア精神〟のアレテー（徳）と、〝ヘイト〟（憎悪 hate, hatred）の禁忌にございます。この2つは、すべての国民が受け入れなければならない〝義務〟とせねばなりませぬ。

プラトン　ほう、徳と禁忌の両面からの作戦であるな。〝フェア精神〟と〝ヘイト〟であるか。

アリストテレス　はい、まずは〝フェア精神〟からお話しいたしましょうぞ。

プラトン　聞こう。

アリストテレス　はい、わたしの『倫理学』にて明らかにいたしました〝狭義の正義〟につき思い出していただければと存じます。

そこでわたしは、〝応報的な徳〟をもって、第十番目の中庸の徳と位置づけましてございます。その過小、つまり自分の正当な権利を主張しないは被害・不正搾取にございますし、過大は、着服あるいは、略奪行為、つまり不正搾取となります。

まさにこのことこそが、われらの守るべき〝独立的な自由〟をおびやかす最大の敵でありますことは容易におわかりになられますでしょう。

プラトン　そのように聞くと、なるほど、お前の〝狭義の正義〟を取り巻く悪徳こそがわしらの最大の敵であるな。この〝正義〟の両極に流れそうになる人間精神を絶妙な仕方にて中庸に留め、あるいはそこを目指して勇気と知恵をふりしぼることはなかなかに易しいことではないが、たしかにできないことでもないのう。

アリストテレス　はい、ですので、まずはこれを最優先のアレテー（徳）としてすべての人々に根づかせることにあります。

プラトン　お前の話を聞いて、シモニデスの言葉を思い出したわ。著名な詩人であり、賢人としても世に名高いシモニデスがかような言葉を残しておる。借りたものを返す正義、とな。ケパロス老人や息子ポレマルコスとソクラテス先生がこのことについて話しあっておった。賢人シモニデスがいうことであるからには、単純な貸し借りの問題ではのうて、深い意味があるに違いないとな。しかしそこへトラシュマコスが議論に乱入しおって、このことは中断して、例の〝正義とは権力者の利益〟の話になってしもうた。

今、お前の話を聞いて、シモニデスの言葉に潜む深い含蓄が理解できたわい。

アリストテレス　まことに。シモニデスの慧眼《けいがん》にありますな。

プラトン　そうよ。ソクラテス先生もこのシモニデスの言葉の意味を理解するのに苦慮しておった。それをお前はものの見事に解明した。解明しただけでなく、われらが国家の精神的な支柱に位置づけおったわ。

アリストテレス　ありがとうございます。魂や徳の愛好者を育てていくことで、まずは多くの正義の信望者が生まれましょう。これを便宜的に、〝ファン〟といたしましょう。そのなかの相応にすくなくない者たちは、〝趣味の実践〟の程度には愛好の度合いを深めることでありましょう。そしてそのなかのさらに一部は、〝職人〟のごとくに部分的なアレテー（徳）の実践を行ってくれましょう。徳や正義の総合的なプロフェッショナルまでに育っていくのがかりにごく少数（5％ルール）であるにしても、これらすべての総体としての精神的なエネルギーがあれば、われらの目的としては十分でありましょうぞ。必ずや〝独立的な自由〟の守護者になってくれることでありましょう。

そして、この中核に〝フェア精神〟を位置づけまする。

プラトン　揺曳、じゃよ。

あの人は基本的に善い人だが、ここに難点がある。あの人は嫌な人だが、知り合ううちに意外な美点を発見した。人間の社会とは、このようなものぞ。すべてに正義や善で、あるいはすべてに悪なる者というのは、ある意味で極端であり、きわめて少数であろう。繰り返すが、白か黒かの思考は逆に危険じゃや。われらの国の国民全体がじ

図表10-1 “Civil Society”（市民社会）での“信念”の育成～“フェア精神”の徳と“ヘイト”の禁忌

信念が求められる

・“フェア精神”（公正、公平、衡平 fairness, equity）の徳
・“ヘイト”（憎悪、ネイコス hate, hatred）の禁忌

※フロネーシス（知慮）のはたらきは万人に同じではない。皆が哲学や徳の達人になれるわけではない。しかし信念をもつことはできよう。ペリクレースやリンカーンが人々を導いたようにだ。
それをして人間の魂を善くすることが政治の第一目的ではないか。

や、総じておおまかに〝善〟や〝正義〟であればよいのじゃ。

アリストテレス　はい、そして大切なことは、〝フェア精神〟が中核にあり、これについてはすべての国民が受け入れなければならない〝義務〟とすべきにございます。

プラトン　ようわかった。その義務をわれら国家の義務と位置づけることをここに決定いたそう。

しかしなんじゃな。同じ義務でも、カントのそれとは大違いじゃ。奴は、奴の道徳を〝自由〟と呼んで、さも崇高なことのように化粧をほどこすことにより、それが〝義務の奴隷化〟を意味することを隠しよったからな。お前のその〝義務〟は、〝義務〟と正面から来おっても、真摯に受け入れたくなる魅力があるわい。

アリストテレス　はい、ありがとうございます。それ

は、〝フェア精神〟は単なる道徳ではありませんので。われらの〝独立的な自由〟を守る精神的な支柱であるからにございます。

プラトン　まことにそうよ。われらの申すところの〝独立的な自由〟こそがじゃ、すべての善や徳、正義、これらの実践を担保する要《かなめ》じゃ。これを守るための義務ならば、皆が率先して受け入れようぞ。

アリストテレス　ありがとうございます。

プラトン　〝フェア精神〟を要の徳として国民の義務とすることはようわかった。もう1つの〝ヘイト〟の禁忌について聞こうぞ。

アリストテレス　はい、わたしの『政治学』にて明らかにいたしましたところ、このことこそが国民団体を分裂させ、互いに相争わせる元凶にございました。正義をもって人は団結いたしますが、同じようにヘイトをもっての団結もございます。同じ団結とは申せ、ヘイトによる団結は人間の魂を著しく悪くさせ、心の傾きを歪ませ、延《ひ》いては、どのような劣悪非道も可能にさせまする。

プラトン　まさしくじゃな。われらからは後世のことじゃが、マルクス主義やボルシェヴィズム、あのナチズムもじゃ、基本はヘイトによる団結を呼びかけたのじゃ。ブルジョワや帝国主義に対してのプロレタリアの団結、ユダヤ資本とボルシェヴィズムに対するゲルマン民族の団結、レーニンもヒトラーも同じじゃよ。ヘイトを助長し、怒りのエネルギーを用いる仕方にて事をなした。

レーニン
ウラジーミル・イリイチ・レーニン（１８７０年４月22日～１９２４年１月21日）は、ロシアの革命家。ロシア社会民主労働党ボリシェヴィキの指導者として活動し、１９１７年に十月革命を成功させた後、初の社会主義国家であるロシア・ソビエト連邦社会主義共和国を樹立し、その行政府である人民委員会議の議長に就任した。『帝国主義論』『国家と革命』などの著書がある。

アリストテレス　わたしの研究でも明らかにいたしましたところ、ヘイトによる国政の変化はあらたなヘイトを作り出します。力による抑圧を行いはしても、それは決して長くは続きません。長くて70年と申しましたところ、ソビエト体制はちょうど70年で崩壊いたしました。ヒトラーのナチズムは、わずかに12年であります。

プラトン　そうよのう。〝ヘイト〟こそがまさしく〝フェア精神〟の反対をいくわけじゃてのう。これを野放しにはできんわい。

アリストテレス　ニーチェのニヒリズムもそういう見方ではヘイト哲学ですな。カントや、時の国家主義的な政府、あるいは道徳主義の教会に対してのヘイトを喚起することで文持を集めました。彼はあくまで哲学の範囲に留まり、既存体制の転覆をはかる革命家ではございませんでしたが。

プラトン先生もこれに巻き込まれ災難であられましたなあ。

プラトン　そうよのう。わしのことはともあれじゃ、こうみると、われらからしてはるか後世の者どもの浅はかさがようわかる。小さいて、器が。ヘイトなどは哲学の土台にならんことすらよう理解しておらん。ときどきの民衆の不満、鬱憤に乗じての流言の域をでないのじゃよ。かの者どもは総じてわれらが哲学を学んだはずであるのに、誰もなにも本質をわかってはおらんのじゃ。

哲学とは、ヘイトを否定するところから発しておるのよ。ペロポネソス戦争の当時に、ケリキュラ島で起こったことじゃ。ケリキュラ島とは、あのオデュッセウスが心やさしき王女ナウシカに助けられ、10年の放浪の末にようやく故郷イタケーに帰還することができたあのケリキュラじゃ。この心優しき者どもの島がじゃ、血で血を洗う泥沼の内戦で狂いおったわ。人をいち早く出し抜くこと、悪をなして利益を得ること、善人は間抜けなお人好しと小馬鹿にすること、これらが賢いことと信じられるようになった。以降のギリシャ世界では、人びとは互いを信じることをまやかしと思い、どのようにすれば利得に与れるかしか考えぬようになった。この悲惨な出来事の結末は、われら栄光のアテナイの凋落であった。われらが哲学は、この窮状のなかに生まれたのよ。善に立脚することであってのみ、哲学であるのじゃ。
アリストテレス　左様にございますな。さすがにプラトン先生にございます。
プラトン　ようわかった。お前の申すことはこのうえなくもっともじゃ。〝ヘイト〟をわれらが国の禁忌とすることに決定じゃ。
かようにお前の話を聞いているとじゃ、正しく制度を整えること、さらには〝フェア精神〟の徳と〝ヘイト〟の禁忌を要にした徳育を施せばじゃ、必ずしも哲人統治によらんでも、徳に立脚した国家が誕生するかもしれん気にさせるわい。
アリストテレス　ありがとうございます。そのようになることを切に願っております。
プラトン　ファンも含めてじゃ、徳の愛好者からその職人、プロフェッショナルまで含めると、国民全体のすくなくとも過半数、いやほぼ全員を善の信望者あるいは実践者にすることが可能じゃな。わくわくしてきたぞ。若返った気にさせてくれるものよ。
この善のエネルギーによる団結であれば、必ずや、善き国政と善き国民が生まれよう。〝幸福〟が、それが必ずしも真のフィリア（愛）によるものではなくともじゃ、正しい方向での功利（utility）や快楽（pleasure）によるものになろうことよ。
アリストテレス　はい、そう願いまする。
プラトン　いや、必ずそうなるわ。
たくさんの物語を作ろうぞ。フェア精神の徳とヘイトの禁忌を主題にしてな。わしは物語作りは得意な方であるぞ。

アリストテレス　存じております。エルの物語でしたか。最後の審判ですな。

プラトン　われらが時代はそうであったがな。しかしお前のおかげで焦点が定まったわい。フェア精神の徳とヘイトの禁忌を中心にしたテーマで、メッセージ性の高い物語を世に送り出すことにするといたすか。

地区予選から始まり、県大会、全国大会と戦い抜いたさまざまな哲学選手が、最後は哲学オリンピックで世界の強豪と徳の頂点を競う。魂の内なる善のプロフェッショナルじゃ。たくさんの徳の王子様やプリンセスを登場させねばならぬな。

●他の近代哲学批判

プラトン　ところで話は変わるが、現存の国のなかではまだマシといわれるイギリスにて〝功利主義〟という哲学があるそうじゃ。

アリストテレス　はい、イギリスの思想家ベンサムが功利主義を掲げておりますな。

ジェレミ・ベンサム（１７４８〜１８３２）
イギリスの哲学者。功利主義の主唱者として有名である。

功利主義、またはユーティリタリアニズム（英：utilitarianism）は、行為や制度の社会的な望ましさは、その結果として生じる効用（功利、有用性、英：utility）によって決定されるとする考え方。ジェレミ・ベンサムやジョン・スチュワート・ミルにより体系化された。

プラトン　この者の物の考え方もじつに偏っておるわい。お前のフィリア（愛）の話の際に、フィリアの3形態を挙げたのう。

アリストテレス　はい、徳に立脚したフィリア、快楽に立脚したフィリア、功利に立脚したフィリアにございます。

プラトン　それよ。そのなかでも真に善き、本物のフィリアこそが徳に立脚したものよ。あとの2つは便宜的なつながりにすぎん。言うてみれば、偽物よ。

アリストテレス　まさしくそのとおりにございますなあ。善に立脚してこその真の政治であり、政策にございますから。

プラトン　産業革命の波に乗って、生産と消費が国を豊かにするという考えが根づいたが、それはあくまで産業・経済政策ぞ。それ一辺倒のことに至上の価値をおくと、やはり歪みが生じる。富国はむろん善いことじゃ。しかしそれは幸福の外的な要因に過ぎん。それを忘れると、偏った国家主義、金融・商業資本と癒着した帝国主義政策に走ることになる。さまざまに悪の連鎖を招いて、２つの世界大戦を引き起こす悲劇につながったのじゃ。

アリストテレス　そうでありますな。富は、幸福の外的な要因に過ぎませんな。幸福は、内なるものにございます。ベンサムの先輩格のアダム・スミスは、まだたしなみを残しておりました。重商主義に対する、資本の自由を説きましたが、経済のことが他のすべてに優先するような主張はしてはございませんからな。

プラトン　ベンサムに比べればまだマシではあるがのう、ミルも底が知れておるわ。

ジョン・スチュアート（Ｊ．Ｓ．）・ミル（１８０６～１８７３）
イギリスの哲学者。政治哲学においては『自由論』で知られる。同時に、ベンサムの唱えた功利主義の擁護者として知られ、『功利主義』にては、快楽の量ではなく、質を重視する姿勢をとった。

アリストテレス　そのようにございますな。『自由論』で知られるところとなったミルにはわたしはすこしばかり期待はしておりました。なにせ、われらの〝独立的な自由〟の大切さを唱えたわけであります。数をもっての思想のおしつけに対して、〝個性〟をもつことの自由を主張したわけでございますので。しかし、けっきょくは、われらのように、善に立脚した哲学に到達することはなかったようでありますな。

プラトン　そうよ。かの者は、太った豚より、不満足なソクラテスになれ、と申したそうじゃ。安手の娯楽よりシェークスピアを楽しめ、ということじゃ。ソクラテス先生はそんなことは言うてはおらんぞ。先生もわしも、善とは正義とは徳とはなにか、それに立脚した幸福、そのための国政を手に入れるにはどうすべきか、それを考え悩んでおったのじゃ。ホメロスを国民に与えれば問題が解決するなら、われらの２４００年前の時代にそうなっておるわい。

アリストテレス　まことに、ごもっともでありますな。

プラトン　イギリスの後を継いだアメリカでは、リバタリアニズムなる風潮が蔓延したわい。

リバタリアニズム（英：libertarianism）

個人的な自由、経済的な自由の双方を重視する、自由主義上の政治思想・政治哲学の立場である。個人の完全な自治を標榜し、究極的には国家や政府の廃止を理想とする。また、個人的な自由、自律の倫理を重んじ、献身や軍務の強制は肉体・精神の搾取であり隷従と同義であると唱え、徴兵制に反対する。経済的には、レッセフェール（仏：laissez-faire）を唱え、国家が企業や個人の経済活動に干渉することに強く反対する。また、徴税は私的財産権の侵害とみなし、税によって福祉サービスが賄われる福祉国家は否定する。

アリストテレス　アメリカは開拓者の国でありますからな。こういう考え方も存在して不思議はございませんな。しかし、これを〝哲学〟とは申せません。よくて、権利の主張でありますな。哲学的な論法を用いてそれらしき偽装はしておりますが、けっきょくは、個人の権利に対する国権からの自由を主張しておるだけにございます。自分勝手が許されるアメリカならではの話でありますところ、この話は哲学の世界ではなく、ロビイスト活動や裁判所で話されるべき性質のものかと存じます。

プラトン　当時は未開の地であったアメリカならではの乱暴な主張よのう。こんなものをわれらがまともに相手にする必要性を感じんわい。

アリストテレス　まことに。粗野で自分勝手な開拓者どもの論理でありましょう。これがまかりとおった場合、国は国ではなく、単なる粗野な開拓者どものアライアンス（同盟）に堕ちて行きましょう。まあ、〝独立的な自由〟という点では、われらに必ずしも反するものではございませんが、彼らの思想は、端的には、国はいらないから、放っておいてくれ、でありますからな。自分らに対する強制力をもつ国家権力・政府に対するヘイトを煽っているに過ぎません。けっきょくは、形を変えたヘイト思想でありましょうぞ。

プラトン　こう見ていくとじゃ、わしはつくづく幻滅するわい。わしらからのう、じつに

2400年を経ても、まともな哲学は見当たらんわい。単なる自己主張の延長じゃな。哲学という、隠れ蓑をまとっただけのな。

アリストテレス　そのようにございますな。残念なことではありますが。

プラトン　つくづくわれらの時代のペリクレースの偉大さが偲ばれるわ。見事に、われらが哲学に立脚した国政を説き、説くだけではのうて、実践をした。あとにも、先にも、ペリクレースを凌ぐ哲学的思想をまとった政治家はおらんわい。不世出じゃよ。まさしく徳の世界の最大のレジェンドじゃな。

●傑出の指導者ペリクレース

ペリクレースの戦没者追悼の演説

アテナイ将軍ペリクレースは開戦後2年と6カ月生きた。次に記すのは、開戦の翌年に戦没者追悼の式典において彼が述べたおそらく史上でもっとも有名な民主制賛美の演説の一部である。

われらの政体は他国の制度を追従するものではない。ひとの理想を追うのではなく、ひとをしてわが範に習わしめるものである。その名は、少数者の独占を排し多数者の公平を守ることを旨として、民主政治と呼ばれる。

わが国においては、個人間に紛争が生ずれば、法律の定めによってすべての人に平等な発言がみとめられる。だが、個人が才能の秀でていることが世にわかれば、輪番制に立つ平等を排し世人の認めるその人の能力に応じて、公の高い地位を授けられる。また貧窮に身を起こそうとも、国に益をなす力をもつならば、貧しさゆえに道を閉ざされることはない。

われらはあくまでも自由につくす道をもち、また日々たがいに猜疑の目を恐れることなく自由な生活を享受している。よしんば隣人がおのれの楽しみを求めても、これを怒ったり、あるいは実害なしとはいえ不快を催すような冷たい視線を浴びせるようなことはない。

だがこと公に関するときは、法を犯す振舞いを深く恥じ恐れる。法を敬い、とくに、権利を侵されたものを救う掟と、万人に廉恥の心を呼びさます不文の掟とを、厚く尊ぶことを忘れない。

われらは質朴のうちに美を愛し、柔弱に堕ちることなく知を愛する。われらは富を行動の礎とするが、いたずらに富を誇らない。また身の貧しさを恥とはしないが、貧困を克服する努力を怠るのを深く恥じる。

まとめていえば、われらの国全体はギリシャが追うべき理想の顕現であり、われら

1人ひとりの市民は、人生の広い諸活動に通暁し、自由人の品格を持し、己の知性の円熟を期することができると思う。

そしてこれがたんなるこの場の高言ではなく、事実をふまえた真実である証拠は、かくのごとき人間の力によってわれらが築いた国の力が遺憾なく示している。

なぜならば、列強の中でただわれらの国のみが試練に直面して名声を凌ぐ成果をかちえ、ただわれらの国にたいしてのみは敗退した敵すらも畏怖をつよくして恨みを残さず、従う属国も盟主の徳をみとめて非をならさない。

かくも偉大な証拠をもってわが国力を衆目に明らかにしたわれらは、今日の世界にのみならず、遠き後の世にいたるまで人々の賞嘆のまととなるだろう。

プラトン　惜しむらくは、われらが時代には民衆の精神の成熟度がペリクレースについていかんかった。ペリクレース1人の徳と識見に依存しておったわ。ペリクレースが急逝して、アテナイの黄金時代は一挙に終焉じゃ。

アリストテレス　まことに。

プラトン　わしは思うがのう。今日のお前の話をきいて、大事なことがようわかったわい。ペリクレースが世を去ったあとにも、〝フェア精神〟の徳と〝ヘイト〟の禁忌をすべての国民全体に徹底さえしておればじゃ、われらが栄光の民主制アテナイは永遠であったであろうことじゃ。

アリストテレス　そのように願うこととといたしましょうぞ。

プラトン　では、本日はこのあたりでお開きにいたしましょう。

アリストテレス　次回は、最後であるな。まだもう一度、お前との実りある会話を楽しめるわけであるな。

プラトン　はい、わたしも楽しみにしております。それでは次回にまたお会いいたしましょう。

【まとめ】～"Civil Society"（市民社会）の礎であるアレテー（フェア精神）と禁忌（ヘイト）、そしてこの信念へとみちびく政治リーダーシップ

私が本書で読者諸氏に問いたいのは、「まえがき」に記したように〝信念〟のことだ。なににもまして重要と考える。2つある。

〝フェア精神〟の徳（アレテー）とヘイト（憎悪あるいはネイコス）の禁忌だ。本書を通じてこれを見てきた。

抽象的な観念論ではない。きわめて現実的な要請にもとづく。それなくしては"Civil Society"（市民社会）が成立しない。フロネーシス（知慮）のはたらきは万人に同じではない。熟達の

域に達する者もおれば、そうでない人たちもいる。だから皆が一様に同じだけの熟達をもって哲学や徳の達人になれるわけではない。そう考えることはむしろ非現実的だ。

しかし、信念をもつことはできよう。ペリクレースやリンカーンが人々を導いたようにだ。

それをして人間の魂を善くすることが政治の第一目的なのではないか。

「われら一人ひとりの市民は、自由人の品格を持し、おのれの知性の円熟を期することができると思う。」（ペリクレース戦没者追悼演説）

第11章

「理性」による自律的な正義とは

【本章のポイント】
・国家として「正義の侵害」や「不正」と対峙するにはどのような手段が有効か。
・正義の実現のために、個人の独立した自由やフロネーシス（知慮）を高めることが大切な理由とはなにか。
・プラトンの師であるソクラテスの生き方・考え方を知る。なぜ「哲学の祖」といわれるかについて考察する。

●不正と対峙する手段

第11章では、自律的な正義としてのソクラテスの徳を学ぶ。

プラトン　われらが国民全体の各々が主権という自由を保持することにつき、最後にもうすこしばかり議論をつけ足すとせぬか。
アリストテレス　どのようなことにございましょうか。
プラトン　フェア精神の徳とヘイト（憎悪 hate, hatred）の禁忌をモットーとする正義の者がおるとするわい。そのような人物に対してじゃ、積極的に不正をはたらきたくなるじゃろうか。

アリストテレス　そうでありますなあ。まことに不正な者どもに対しての不正とは意味合いが異なるものにございましょうな。不正に対する不正はある部分までは正義を含有するとも申せますので。

プラトン　であろう。不正に対しての不正は状況によっては正当なものとされるわ。抑圧された人民の暴力革命は、暴力という不正じゃが、イギリスやフランスでは、ロックやルソーが〝自由〟という大義を与えたのじゃ。レーニンやヒトラーのような全体主義者にはこの大義がなかった。かわりに、ヘイトという悪徳の支配に依った。相手方が不正の者どもならば、不正は正義にもなりうるわけじゃのう。

アリストテレス　まことに。わたしの狭義の正義、つまり応報的な正義の徳におきましても、権利の侵害に対する矯正は正義の範疇とみなしてございます。

プラトン　して、相手が対他関係においてフェア精神を保持し、ヘイトとは無縁の人物であった場合にはどうじゃ。

アリストテレス　まことに。そのような人物に対し不正をはたらこうとの積極的な動機はみあたりませぬなあ。

プラトン　そうであろう。では、こう考えるのはどうじゃ。われらが国民の各々が主権という自由を保持しておる。同時にじゃよ、これらの者どもはフェア精神を重んじヘイトを忌避する。互いに不正をはたらきあうじゃろうか。

アリストテレス　まず、ございませんでしょうな。
プラトン　するとじゃ、われらが国家のすべての国民の義務としたフェア精神の美徳とヘイトの禁忌を国民が保持しておるかぎりにおいては、国民各々の主権・自由は保持されるとは思わぬか。
アリストテレス　まことに。すでにそのような話をいたしましたが。
プラトン　そうじゃ。じゃが、もし国民のなかの誰かがその義務をはたさずじゃよ、不正に手を染め、他人に害をなしたとするわい。どうなるかのう。
アリストテレス　なかなかに興味深いご質問にございますなあ。まず考えられますのは、不正を受けた者が正義の人ならば、周囲から多くの支援や同情が集まりましょうぞ。反対に、不正をはたらいた者に対する相応の罰を求める空気が生まれましょう。われらが国民全体のどれくらいの割合がどれくらいの信念をもってわれらが課した義務を徹底するかによりますかな。
プラトン　そのとおりよ。するとじゃ、われらが国民全体の者どもが各々の主権・自由を保持し不正から身の安全を守る最大の防御壁こそが、われらが課した義務を徹底することじゃとは思わぬか。
アリストテレス　これは、まさしくそのとおりにございます。国民の1人ひとりがこの認識に立ち、自らにおいてはその信念として、また他人に対してもこの義務の履行を互いに求めあう精神文化の熟成が欠かせませぬ。

プラトン　するとじゃ、われらが課した義務は、義務のための義務ではのうて、善き国家・国民の、善き国家・国民による、善き国家・国民のための精神文化とは申せぬか。

アリストテレス　まことに。

プラトン先生の話の方向性が見えてまいりましたぞ。お話は精神文化でございますな。われらが課した義務が精神文化の域にまで達すれば、国民の各々がその主権・自由を享受いたせましょう。しかしながら、精神性に乏しい国民のあいだにあっては、義務は義務のままに留まります。われらが課した義務は狭義の正義、つまり対他的なものにございますし、それだけでは精神文化とまでは申せませぬ。やはり、国民の1人ひとりが自らの精神の向上を心がける必要がございますな。

プラトン　さすがにアリストテレスじゃ。そのとおり、そこよ。主権という自由を保持するということはじゃ、国民の各々が独立した〝個〟を有するということよ。主権国家が自らの憲法や法律、価値意識をもつのと同じじゃて。観念的な部分も含めての理性的な精神の規範をもたねばならぬわ。

この点では国家も同じであるな。主権をもつだけでは善い国家とはいわぬ。主権が保持されているからこそ、善き国政を目指さねばならんのじゃ。個人が主権的な自由を約束されたならば、とうぜんに同じ責務が生じるのじゃて。

アリストテレス　お言葉はまさしくでございますな。われらが申す自由とは、勝手気儘な自由とは意味合いが異なりますからな。主権を与えられた個人は、その責務に努めねばなりませぬ。

プラトン　そうよ。それでこその〝市民社会〟（civil society）よ。

アリストテレス　まことに。

市民社会　(civil society)

西洋古代における市民共同体としては、古代アテナイやローマが例として挙げられる。身分制を基礎とする中世の封建制社会（feudal society）においては、各人が権利において対等であることはなく、こうした市民共同体の伝統は失われていた。

市民共同体の復活は、イギリス・フランスにおいては市民革命の成功によって成される。各個人（市民）が自らの政治的主張・宗教的立場などを他から強制されないことや、各個人が自らの財産を自由に処分でき（私有財産制）、商活動の自由が保障されていることなどが求められる。

プラトン　わしはのう、ペリクレースの次の言葉をわれらが国民全体のすべてがじっくりと賞味することを期待するわい。

ペリクレース演説（部分的再掲）

われらはあくまでも**自由につくす道**をもち、また**日々たがいに猜疑の目を恐れることなく自由な生活を享受している**。よしんば隣人がおのれの楽しみを求めても、これを怒ったり、あるいは実害なしとはいえ不快を催すような冷たい視線を浴びせるようなことはない。だが**こと公に関するときは**、法を犯す振舞いを深く恥じ恐れる。法を敬い、とくに、**権利を侵されたものを救う掟**と、**万人に廉恥の心を呼びさます不文の掟**とを、厚く尊ぶことを忘れない。

われらは質朴のうちに美を愛し、柔弱に堕ちることなく知を愛する。

われらは富を行動の礎にするが、いたずらに富を誇らない。

また身の貧しさを恥とはしないが、貧困を克服する努力を怠るのを深く恥じる。

われら1人ひとりの市民は、人生の広い諸活動に通暁し、自由人の品格を持し、己の知性の円熟を期することができると思う。

アリストテレス　はい、ぜひ、われらが国民の1人ひとりが主権をもつ自由人としての品格を保持することを期待しましょうぞ。

●フロネーシス（知慮）とリスク管理

プラトン　次にはじゃな、不正に対する備えをもたねばならぬじゃろうと思うがのう。お前はいかに考えるかな。

アリストテレス　リスク管理にございますな。

プラトン　そうじゃ。しかしかようなことはお前が詳しいのう。

アリストテレス　はい、リスクとは不確実性と定義いたします。この場合にございますと、いかに善き国家の善き国民に囲まれているにせよ、さまざまな不正の害を被る可能性をゼロにはできませぬ。先生のご指摘のとおり、主権を有する自由人としてのわれらが国民は、自らがかようなリスクに対する心構えと準備は求められましょうぞ。

リスク管理のプロセスは、だいたい次のような仕方にございますな。

リスク管理

・リスクの認識
・リスクの評価
・リスク管理テクニックの選択

・実行
・再評価（ＰＤＣＡ――〝plan, do, check, action〟）
（ボディ／マートン／クリートン著『現代ファイナンス論』注　マートンはノーベル経済学賞受賞者）

プラトン　はて、どこかで見たようじゃが。
アリストテレス　はい、さすがにプラトン先生にございます。これは、すでに見てまいりましたところの〝問題解決思考〟と同じ思考法であります。〝リスク〟という〝問題〟に対して、その認識や評価からはじまり、対処の仕方の選択肢と選択、実行、ＰＤＣＡという次第となります。
プラトン　そうよ。それであったわ。
　またもや、お前のフロネーシス（知慮）の出番であるよのう。まさしくお前はさまざまに忙しいのう。
アリストテレス　はい、そのようでございますな。ありがたいことにございます。
プラトン　ようわかった。お前のフロネーシス（知慮）を、ここでもわれらが国家のリスク管理教育の基礎課程にすることに決定じゃ。
アリストテレス　これは、おもわぬ光栄にございますな。予期しておりませんでした。ありがとうございます。

プラトン　教育といえばじゃ、米国のエリート校ではリベラルアーツが定着したのう。

アリストテレス　はい、アイビーリーグを中心に西洋古典教養の学習課程が整備されております。芸術や文学、自然哲学など広範に学びますが、中核になるのは政治哲学にございますぞ。われらが話をしてきた内容を選び抜かれた才能ある若者に教える次第でありますな。

プラトン　ほう、われらが話の内容をとな。

アリストテレス　はい、そのとおりにございます。

プラトン　ほう、して、その効果はいかがな次第にあるかのう。

アリストテレス　それは、もう、たいへんに高い評価であります。まあ、かように申すのもなんでありますが、われらが哲学を中核に据えての教育にございますから、時代を超越した普遍のものとなってございますなあ。

プラトン　左様か。

アリストテレス　はい、アメリカが第1次世界大戦への参戦を決意した際に、陸軍がニューヨークの名門コロンビア大学に普遍的な価値に基づく教育システムの構築を依頼したことが契機にございます。

プラトン　うむ。帝国主義の列強の熾烈な争いの舞台であった時代であるのう。

アリストテレス　はい、まさしく。マルクス思想やボルシェヴィズムによるソビエト革命やシオニズムのユダヤ人国家樹立の画策などさまざまに思想や価値意識が錯綜するヘイトの蔓延する時代にございましたなあ。ニーチェのニヒリズムが広まったのもこの頃にございますぞ。ネオ・ダーウィニズムが優生思想化し、トラシュマコスさながらの強者の論理としてまかり通ってもございましたなあ。

プラトン　ペロポネソス戦争の当時にわれらがギリシャ世界は善と悪を見失しのうてじゃ、泥沼の対立の深みにはまっていったさまによう似ておるわい。

アリストテレス　はい、だからこそのわれらの再登板にございましょう。

プラトン　うむ。ペロポネソスの惨状からわれらが哲学の生まれたのと同じようにのう。

アリストテレス　はい、左様にわたしも思う次第です。ただし百年も経ちますと、エリート教育はエリート教育としての問題も生じております。

プラトン　聞こう。

アリストテレス　はい、リベラルアーツのような贅沢な教育を受けられる者は限られております。卒業後の進路は、エリートとしてさまざまな先から引く手あまたとなります。

プラトン　うむ。

アリストテレス　はい、問題は、引く手あまたのエリートとして最初から特権意識を植えつけられるがために、リベラルアーツを特権を手中にするための手段と考えがちになりまする。むろんすべてがすべてにかような次第とは思いませぬが、年齢を重ねて、エリートとしての階段を昇るにつれ、われらが教えからは遠のいていく者もすくなくはないでありましょう。

プラトン　なんと。さみしいことにあるのう。従うことを知ってこそ、善き支配者になるものぞ。かような風潮は是正されんといかんわい。

アリストテレス　そう願いたいものですな。

●ソクラテスについて

最後に、〝ソクラテス〟という存在に触れる。

『ソクラテスの弁明』ほか、弟子プラトンがソクラテスを主人公にした対話編の著作から次のことが知られている。

ソクラテス以上の知恵者はいない。賢人と呼ばれていた政治家や詩人たち、さらには手工者をはじめとして、さまざまな人を次々に訪ね、対話をかさね、それを自覚するに至る。

彼の主張は素朴にして明瞭である。世界の根源・究極性を知ることは人間のアレテー（徳）の枠外のことにして、神々のみがそれを知る。人間は、人間のアレテー（徳）に沿って節度をもって善く生きるべき（エウ・ゼーン）、とする。

いわゆる〝無知の知〟だが、素朴であるがために明確であり、論駁がむつかしい。独断的な人びとよりは思慮深く、卓越した人物である。そうみなされた。

ソクラテスとカント哲学

ちなみに、純粋理性の限界を論証し、質朴な道徳生活を説いた近世におけるカント哲学はこの流れの継承である。カント自身もそのように述べている。

ソクラテスが賢者であるという評判が広まる一方で、無知を指摘された人々やその関係者からは憎まれ、多くの敵を作る。

富裕市民の息子たちはソクラテスを面白がって追い回し、その試問を傍聴し、集った。その中には、ペロポネソス戦争でのアテナイ敗北の直接的な原因となったシケリア遠征（現在の伊シチリア島）を強引に画策した挙句、状況が悪くなると自らは敵国スパルタに亡命したアルキビアデス、その後の三十人政権の指導者となったクリティアスなどもいた。

それがソクラテスを攻撃する絶好の口実となった。

「若者を堕落させた」

公開裁判にかけられることになった。

ソクラテスは、その弁明において、自説を曲げたり自身の行為を謝罪することを決してせず、

図表11-1　“信念”という自律的な正義

※ソクラテスを死に追いやったものは「ヘイト」であった。

↓

「ヘイト」こそが「正義」を滅ぼす最大の敵である。

追放の手も拒否し、結果的に死刑（毒殺刑）を言い渡される。

若き二十代のプラトンがこの裁判を傍聴していたことが記される。

アレテー（徳）に則して善く生きる（エウ・ゼーン）。

ソクラテスは、こう述べた。

「僕のうちの心の声は、生涯を通じて今に至るまで常に幾度も幾度もきこえてきて、とくになにか曲がったことをしようとするときには、それがきわめて些細なことでも、いつも僕を思いとどまらせた」

プラトン著『クリトン』では、同年輩の友人クリトンが刑の執行が迫るソクラテスの独房を訪れ、異国への逃亡を勧めるさまが記される。ソクラテスの言葉が印象的だ。

「国法が僕に問いかける。お前との合意はそんなものだったのか。お前に学芸と体育の修業をさせ、養育したのはわれわれではないか。アテナイ市民であることをとくに気に入って70年もの長きにわたり、外国に行くこともあまりなく、気にもとめず、ひたすらアテナイを愛し定住の地と決めたのはお前ではなかったのか。そのお前が、裁判が不正、判決が不当だといってわれらアテナイを裏切り捨て去るのか。とね」
「大切なのは、単に生きることそのことではなくて、善く生きること（エウ・ゼーン）だと、クリトン、われわれは同意し主張してきたじゃないか」

プラトン　ソクラテス先生を滅ぼしたのも〝ヘイト〟であった。ヘイトこそが、正義を滅ぼす最大のものじゃのう。

アリストテレス　まさしく。

プラトン　じつに多くをお前と共に考え語りおうた。まことに充実した至福の時が過ごせたわい。

アリストテレス　もったいないお言葉にございます。わたしこそ、先生の御導きにより、わたしごときが独りでは到底望みえない高みへと誘っていただきましたぞ。

プラトン　そうよ。そこよ。もしまた機会があればじゃ、お前と語り合おうぞ。

アリストテレス　しかと。その機会が訪れることを祈念いたします。

【まとめ】～ソクラテスの最後の言葉

“Civil Society”（市民社会）に生きる現代のわたしたちへのメッセージと捉えたい。

「大切なのは、単に生きることそのことではなくて、善く生きること（エウ・ゼーン）だと、クリトン、われわれは同意し主張してきたじゃないか。」（ソクラテスの言葉『クリトン』より）

結び　～古代ギリシャに学ぶ〝新しい正義論〟

アリストテレスの〝中庸の徳〟あるいは〝正義論〟をあつかった第3章あるいは第4章がもっとも読むうえで集中力と辛抱が必要だが、中身の細かいすべては一度には頭に入ってこなくとも、あるいは最初はある程度飛ばし読みしても、章末尾の〝まとめ〟を追っていけば、全11章を最後まで読み進めることができる。また各章のポイントをサマライズして図版化したものを適所に挿入した。哲学的考究の道中にて迷子にならないよう目的地への〝案内標識〟として活用願いたい。これは、第3章、第4章だけでなく、他の章にもあてはまると思う。一読して全体を見渡してから立ち戻って読み返し、さらに深い理解を得ていただきたい。

〈本書に掲載した図表のタイトル一覧〉

「まえがき」に本書の精神を記した。リンカーンやペリクレースという徳も識見も具わる傑出したリーダーの言葉と古代のギリシャ神話にそれを見いだしていただきたい。

「正義」と「権力」の関係、それは「正義＝権力」あるいは「正義vs.権力」ではなく、〝正義〟と〝力〟の結合が〝アレテー〟（徳）や〝ゼーン〟（生）を育む、という。

本書では、〝古い〟、しかし、現代の私たちには〝新しい〟、このギリシャ神話の枠組みで正義論を展開できたと思う。

「皆がかたくそう信じることだ。それがなににもまして大切だ」

プラトンやアリストテレスらはこういう。

政治リーダーや研究者は人びとをそのように導かなければならない。その資質が彼らの〝アレテー〟なのだから。

あとがき

教育や研究にて日々のことを行うようになり年月を重ねた。

西洋の哲学にはじめて触れたのは古い。コロンビア大学で学生時代を過ごした日々に遡る。人生は不思議なもので、大きなまわり道をしてから、その頃の学びにたち戻った。

スポーツの世界に身をおいたこともある。檜舞台を夢みた若きとき、国の代表として世界中をまわった。名のあるプロ選手らとも切磋琢磨した。大会から大会へと旅する日々、世界にはさまざまな国があることも知った。

周囲に、自分がビジネスエリートと思われていた時期もある。世界最大級のコンサルティング会社にて若手の幹部社員（パートナー）であったからだ。グローバルに集うさまざまな国籍の同社プロフェッショナルらにまじりもまれた。

すこしばかり物事が順調にいったこともあれば、同じようにやはりすこしばかりの挫折も経験した。

おそくして大学に職を得た当初は、独学で今の研究を始めた。学生時代の学びが唯一の羅針盤である。

自分なりの試行錯誤を重ねた。その成果を書籍にまとめ発表した。『教養としてのギリシャ・ローマ――名門コロンビア大学で学んだリベラルアーツの真髄』（東洋経済新報社）という書である。

幸いにも好評のうちに海外からも翻訳書のお呼びがかかる。世界17億ほどの人たちが用いる言語で発売されるに至った。

そこで、次の展開を試すことにした。前著『教養としてのギリシャ・ローマ』は、リベラルアーツの軌跡をあらわしたものとして優れている。類似の書はない。

これを基軸に、2つの異なるアプローチで深掘りすることにした。その2つとは、〝政治哲学〟と〝経済史学〟である。本書は、前者にあたる。

政治哲学は、プラトンやアリストテレス以来、多くの思想家の関心を惹きつけてきた分野だ。本書では思想史に名を残す代表的な論者の著作にバランスよく触れたつもりではあるが、必ずしも十分ではないかもしれない。然るに、古典教養をもって本書の大テーマである〝正義〟という切り口で思索を進めていくうえでは、現代人である多くの読者の皆さんのための第一歩になると信じている。

先の世界大戦の後に国際社会が80年近くの長きにわたり積み上げてきた秩序が、今まさに揺らいでいる。本書にて熟考した論題が、世界を覆い尽くす、現実の、そして火急の、大きな政治テーマになっている。

〝政治哲学〟を扱った本書と、先にあげた2つのアプローチのうちの後者にあたる〝経済史学〟は、私のなかでは姉妹本と捉えている。発表は、本書の発表から1年をまたない、2023年中にはなんとかしたいと考える。

前著と同じく、東洋経済新報社の岡田光司氏に編集をお願いした。この場を借りて、その労に感謝を申し上げる。

最後になるが、同社会長の山縣裕一郎氏なくしては、前著も本書も共に日の目をみることはけっしてなかったことを申しあげたい。

2022年11月

中村聡一

参考文献

第1章

プラトン『国家〈上・下〉』藤沢令夫訳、岩波文庫、1979年
アリストテレス『政治学』山本光雄訳、岩波文庫、1961年
マルクス・アウレーリウス『自省録』神谷美恵子訳、岩波文庫、2007年
アウグスティヌス『神の国〈一～五〉』服部英次郎、岩波文庫、1982～91年
アウグスティヌス『告白〈上・下〉』服部英次郎、岩波文庫、1976年
トマス・アクィナス『神学大全〈1・2〉』山田晶訳、中公クラシックス、2014年
ニッコロ・マキアヴェッリ『君主論』河島英昭訳、岩波文庫、1998年
トマス・ホッブズ『リヴァイアサン〈1・2〉』角田安正訳、光文社古典新訳文庫、2014・18年
ジョン・ロック『完訳　統治二論』加藤節訳、岩波文庫、2010年
ジャン＝ジャック・ルソー『社会契約論』桑原武夫・前川貞次郎訳、岩波文庫、1954年
ゲオルク・ヴィルヘルム・フリードリヒ・ヘーゲル『歴史哲学講義〈上・下〉』長谷川宏訳、岩波文庫、1994年
アダム・スミス『国富論〈1～4〉』水田洋監、杉山忠平訳、岩波文庫、2000～01年

カール・マルクス／フリードリヒ・エンゲルス『共産党宣言』岩波文庫、1951年
マックス・ウェーバー『権力と支配』濱嶋朗訳、講談社学術文庫、2012年
エイブラハム・リンカーン「分かれたる家は立つこと能わず」「リンカーン・ダグラス論争」「クーパー・インスティテュト演説」「ゲティスバーグ演説」『リンカーン演説集』高木八尺・斎藤光訳、岩波文庫、1957年

第3章

アリストテレス『ニコマコス倫理学〈上・下〉』高田三郎訳、岩波文庫、1971・73年

第4章

アリストテレス『ニコマコス倫理学〈上・下〉』高田三郎訳、岩波文庫、1971・73年（原書の第5巻）
マイケル・サンデル『これからの「正義」の話をしよう』鬼澤忍訳、ハヤカワ・ノンフィクション文庫、2011年

第5章

アリストテレス『ニコマコス倫理学〈上・下〉』高田三郎訳、岩波文庫、1971・73年

アリストテレス『政治学』山本光雄訳、岩波文庫、1961年
イマヌエル・カント『純粋理性批判〈上・中・下〉』篠田英雄訳、岩波文庫、1961～62年
イマヌエル・カント『実践理性批判』波多野精一／宮本和吉／篠田英雄訳、岩波文庫、1979年
中村聡一『教養としてのギリシャ・ローマ――名門コロンビア大学で学んだリベラルアーツの真髄』東洋経済新報社、2021年

第6章

アリストテレス『ニコマコス倫理学〈上・下〉』高田三郎訳、岩波文庫、1971・73年（原書の第8巻）

第7章

ヴィクトール・E・フランクル『夜と霧』池田香代子訳、みすず書房、2002年

第8章

中村聡一『教養としてのギリシャ・ローマ――名門コロンビア大学で学んだリベラルアーツの真髄』東洋経済新報社、2021年（第1章～第3章）

アドルフ・ヒトラー『続・わが闘争――生存圏と領土問題』平野一郎訳、角川文庫、2004年

第9章

プラトン『国家〈上・下〉』藤沢令夫訳、岩波文庫、1979年
アリストテレス『ニコマコス倫理学〈上・下〉』高田三郎訳、岩波文庫、1971・73年
アリストテレス『政治学』山本光雄訳、岩波文庫、1961年
イマヌエル・カント『純粋理性批判〈上・中・下〉』篠田英雄訳、岩波文庫、1961〜62年
イマヌエル・カント『実践理性批判』波多野精一／宮本和吉／篠田英雄訳、岩波文庫、1979年
イマヌエル・カント『道徳形而上学の基礎づけ』中山元訳、光文社古典新訳文庫、2012年
フリードリヒ・ニーチェ『善悪の彼岸』中山元訳、光文社古典新訳文庫、2009年
フリードリヒ・ニーチェ『道徳の系譜』木場深定訳、岩波文庫、2010年

第10章

プラトン『国家〈上・下〉』藤沢令夫訳、岩波文庫、1979年
アリストテレス『ニコマコス倫理学〈上・下〉』高田三郎訳、岩波文庫、1971・73年

アリストテレス『政治学』山本光雄訳、岩波文庫、1961年
ウラジーミル・レーニン『帝国主義論』角田安正訳、光文社古典新訳文庫、2006年
ウラジーミル・レーニン『国家と革命』角田安正訳、講談社学術文庫、2011年
J・S・ミル『自由論』関口正司訳、岩波文庫、2020年
J・S・ミル『功利主義』関口正司訳、岩波文庫、2021年
マイケル・サンデル『これからの「正義」の話をしよう』亀澤忍訳、ハヤカワ・ノンフィクション文庫、2011年

第11章

プラトン『ソクラテスの弁明・クリトン』久保勉訳、岩波文庫、1964年
中村聡一『教養としてのギリシャ・ローマ――名門コロンビア大学で学んだリベラルアーツの真髄』東洋経済新報社、2021年

【著者紹介】
中村聡一（なかむら　そういち）
コロンビア大学の学部課程を優等の成績で卒業。その後、コロンビア大学・グローバル政策大学院にてファイナンスを専攻。KPMGのパートナー等を経て、現在は、甲南大学にて政治哲学やリベラルアーツを教える。著書に『企業買収の焦点　M&Aが日本を動かす』（講談社現代新書）、『教養としてのギリシャ・ローマ　名門コロンビア大学で学んだリベラルアーツの真髄』（東洋経済新報社）などがある。

「正義論」講義

2023年2月2日発行

著　者——中村聡一
発行者——田北浩章
発行所——東洋経済新報社
〒103-8345　東京都中央区日本橋本石町 1-2-1
電話＝東洋経済コールセンター　03(6386)1040
https://toyokeizai.net/

装　丁………橋爪朋世
DTP………朝日メディアインターナショナル
印　刷………図書印刷
編集協力……パプリカ商店
編集担当……岡田光司

ISBN 978-4-492-21253-0